KNJIGA RECEPTOV TROPSKIH OKUSOV FIDŽIJA

Sprejmite edinstveno fuzijo okusov, ki definirajo fidžijsko kuhinjo

Martina Bizjak

avtorske pravice Material ©2023

Vse pravice Rezervirano .

št del od to knjiga maj biti rabljeno oz preneseno v kaj oblika oz avtor kaj pomeni brez the pravilno napisano soglasje od the založnik in avtorske pravice lastnik, razen za kratek kotacije rabljeno v a pregled. to knjiga naj ne biti upoštevati a nadomestek za medicinski, pravni, oz drugo strokovno nasvet.

KAZALO

KAZALO..3
UVOD..7
ZAJTRK..8
1. Fidžijske kokosove žemljice..........................9
2. Fijian kokosov kruh......................................12
3. Fidžijska medena torta................................14
4. fidžijska puding torta..................................17
5. ljubezen...20
6. Parāoa Parai (brezglutenski ocvrt kruh)......22
7. Fijijske bananine palačinke..........................24
8. Francoski toast v fidžijskem slogu...............26
9. Palačinke iz čičerikine moke........................28
10. Krema iz pšeničnih palačink.......................31
PREDJEDI..34
11. Fijian Ceviche s kokosom..........................35
12. Fijian Taro in kokosovi cmoki....................38
13. fidžijski čips iz kasave...............................40
14. Fidžijske piščančje samose.......................42
15. Fijian Fish Curry Puffs................................44
16. fidžijske kokosove kozice..........................46
17. Fidžijski začinjeni praženi oreščki.............48
GLAVNA JED...50
18. Fiji ocvrt riž...51
19. Fijian piščančji kotlet Suey........................53
20. Fidžijski Mahi Mahi na žaru.......................56
21. Piščanec na žaru v podzemni pečici..........58
22. Fidžijska hobotnica, dušena v kokosovi smetani...........61
23. Fidžijska kokosova riba s špinačo in rižem...................64
KARIJE IN JUHE..67
24. Fijian piščanec, paradižnik in krompirjev curry.............68
25. Kari s fidžijskimi rakci................................71
26. fidžijske kozice s karijem..........................74

27. Manioka kokosov kari...77
28. fidžijski račji kari...80
29. Fidžijski ribji kari...83
30. fidžijski kozji kari..86
31. fidžijski taro in špinačna juha...89
32. fidžijska jagnjetina..91
33. Fijian Squash Kale Curry..94
34. Fidžijski špinačni kari iz leče..96
35. Fijian leča Chipotle Curry...98
36. Fidžijski gorčični curry...100
37. fidžijski beli fižol in rižev kari.......................................102
38. Fidžijska rdeča kvinoja s krompirjem............................104
39. Rdeča leča s fidžijskim karijem....................................107
40. Fijian Black-eyed peas kari...110
41. Fijian Curry iz čičerike...112
42. Fijian kokosova mešana leča..115
43. Fidžijska paradižnikova in pesna juha s karijem...........118
44. iz fidžijske buče in kokosa...120
45. Fidžijska juha iz cvetače s kurkumo.............................122
46. Fidžijska začinjena jagnjetina......................................125
47. Fidžijska juha iz rdeče leče..128
48. kari s fidžijskim maslom..131
49. Fijian Mlet piščančji čili..134
50. Fijian piščanec in špinačni curry..................................137
51. Fijian Curried kokosova kozica.....................................140
52. Fijian L amb vindaloo Fusion.......................................143
53. Fijian kokosov goveji curry..146
PRILOGE IN SOLATE..148
54. Roti (fidžijski somun)...149
55. Fidžijski parjeni kokos in kasava..................................151
56. Fidžijski kuhani listi taroja in kokosova krema.............153
57. Fijian Seagrape..155
58. Fidžijski pečeni jajčevci z zelišči..................................157
59. Fidžijska surova ribja solata (Kokoda).........................159
60. Fidžijski kokosov roti...162

61. Fidžijska solata iz zelene papaje............165
62. Fidžijska solata z ananasom in kumarami............167
63. fidžijski kremni taro (taro v kokosovi kremi)............169
ZAČIMBE............171
64. fidžijski pikantni čatni s tamarindo............172
65. Ingver-česnova pasta............174
66. Fidžijska omaka s pekočo papriko (Buka, Buka)........176
67. Fijian Tamarind Dip............178
68. Fidžijski kokosov sambal............180
69. Fidžijska omaka iz listov Taro (Rourou Vakasoso).....182
70. Fidžijski vložen mango (Toroi)............184
71. Fijian Chili Mango Chutney............186
72. fidžijski cilantro in limetin čatni............188
73. Fidžijska ananasova salsa............190
SLADICA............192
74. fidžijska bananina torta............193
75. fidžijska kasava torta............196
76. Fidžijska Raita............198
77. Fidžijski trpotci, kuhani v kokosu............200
78. fidžijska ananasova pita............202
79. Kremna pita s fidžijskim dodatkom............204
80. Fidžijski bananin tapiokin puding............207
81. Fidžijski ananas in kokosova malenkost............209
82. Fidžijska kokosova torta (Tavola)............211
83. Fidžijski bananin in kokosov puding............213
84. Fijian Taro in kokosove kroglice (Kokoda Maravu)...215
85. Fidžijski kruh z ananasom in banano............217
PIJAČE............219
86. Fijian Kava Root Drink............220
87. Fidžijski bananin smoothie............222
88. fidžijski ananasov punč............224
89. Fidžijski koktajl s kokosom in rumom............226
90. Fidžijsko ingverjevo pivo............228
91. Fijian Papaya Lassi............230
92. fidžijski rum punč............232

93. Fidžijski smuti iz ananasa in kokosa..............................234
94. Fijian Mango Lassi...236
95. fidžijski kokosov mojito..238
96. Fidžijski čaj iz ingverja in limonske trave....................240
97. Fijian Tamarind Cooler...242
98. fidžijska kava colada..244
99. Fijian Hladilnik lubenice in mete.............................246
100. Fijian Passion Cocktail......................................248
ZAKLJUČEK...250

UVOD

Dobrodošli v "KNJIGA RECEPTOV TROPSKIH OKUSOV FIDŽIJA, dragulj v osrčju južnega Pacifika, se ne ponaša le z osupljivo naravno lepoto, temveč tudi z bogato in raznoliko kulinarično tradicijo, ki odraža živahno kulturo in zgodovino otokov.

Na naslednjih straneh vas vabimo, da se podate na gastronomsko pustolovščino in raziskujete edinstveno fuzijo okusov, ki opredeljujejo fidžijsko kuhinjo. Od obal Viti Levu do oddaljenih vasi Vanua Levu je fidžijska kuhinja odraz nacionalne kulturne raznolikosti, ki vključuje sveže morske sadeže, tropsko sadje, aromatične začimbe in tradicionalne načine kuhanja, kot je lovo, zemeljska peč.

Ta kuharska knjiga je vaš ključ do odkrivanja skrivnosti fidžijske kuhinje, ne glede na to, ali ste izkušen kuhar ali navdušen domači kuhar. Skupaj se bomo poglobili v srce fidžijske kulinarične tradicije, odkrili dragocene družinske recepte in jih prilagodili vaši kuhinji. Torej, zgrabite svoje sestavine, sprejmite tropsko vzdušje in začnimo to okusno potovanje skozi okuse Fidžija.

ZAJTRK

1. Fidžijske kokosove žemljice

SESTAVINE:

- 3 skodelice večnamenske moke
- 1/4 skodelice granuliranega sladkorja
- 1 zavitek (7g) instant suhega kvasa
- 1/2 čajne žličke soli
- 1/2 skodelice tople vode
- 1/2 skodelice kokosovega mleka
- 1/4 skodelice rastlinskega olja
- 1 čajna žlička vanilijevega ekstrakta
- Posušen kokos (po želji, za preliv)

NAVODILA:

a) V veliki skledi zmešajte večnamensko moko, granulirani sladkor, instant suhi kvas in sol.
b) V ločeni skledi zmešajte toplo vodo, kokosovo mleko, rastlinsko olje in ekstrakt vanilije.
c) Postopoma dodajte mokre sestavine k suhim sestavinam in gnetite testo, dokler ni gladko in elastično. Uporabite lahko stoječi mešalnik z nastavkom za kavelj za testo ali gnetete ročno na pomokani površini.
d) Testo damo v pomaščeno skledo, pokrijemo z vlažno krpo in pustimo vzhajati na toplem približno 1 uro oziroma dokler se ne podvoji.
e) Pečico segrejte na 350 °F (175 °C).
f) Vzhajano testo preluknjamo in ga razdelimo na majhne kroglice.
g) Kroglice položite na pekač, obložen s pergamentnim papirjem.
h) Po želji: vrhove žemljic namažite z malo kokosovega mleka in po vrhu potresite posušen kokos.

i) Pečemo v predhodno ogreti pečici približno 15-20 minut oziroma toliko časa, da so žemlje zlato rjave barve.
j) Odstranite iz pečice in pustite, da se Fijian Coconut Buns nekoliko ohladijo, preden jih postrežete.

2. Fijian kokosov kruh

SESTAVINE:
- 3 skodelice večnamenske moke
- 2 žlički pecilnega praška
- 1/2 čajne žličke soli
- 1/2 skodelice granuliranega sladkorja
- 1 skodelica posušenega kokosa (nesladkanega)
- 1 1/4 skodelice kokosovega mleka
- 1/4 skodelice rastlinskega olja
- 1 čajna žlička vanilijevega ekstrakta

NAVODILA:
a) Pečico segrejte na 350 °F (175 °C). Namastite pekač za hlebce.
b) V veliki skledi zmešajte večnamensko moko, pecilni prašek, sol, granulirani sladkor in posušen kokos.
c) V ločeni skledi zmešajte kokosovo mleko, rastlinsko olje in vanilijev ekstrakt.
d) Postopoma dodajte mokre sestavine k suhim sestavinam in mešajte, dokler se le ne povežejo. Pazite, da ne premešate preveč.
e) Maso vlijemo v pomaščen pekač.
f) Pecite v predhodno ogreti pečici približno 45-50 minut oziroma dokler zobotrebec, ki ga zapičite v sredino, ne izstopi čist.
g) Pustite, da se kokosov kruh ohlaja v pekaču 10 minut, preden ga prestavite na rešetko, da se popolnoma ohladi.
h) Narežite in uživajte v fidžijskem kokosovem kruhu z maslom ali vašimi najljubšimi namazi.

3. Fidžijska medena torta

SESTAVINE:

- 2 skodelici večnamenske moke
- 1 čajna žlička pecilnega praška
- 1/2 čajne žličke sode bikarbone
- 1/4 čajne žličke soli
- 1 čajna žlička mletega cimeta
- 1/2 čajne žličke mletega muškatnega oreščka
- 1/2 skodelice nesoljenega masla, zmehčanega
- 1/2 skodelice granuliranega sladkorja
- 1/2 skodelice medu
- 2 veliki jajci
- 1 skodelica navadnega jogurta
- 1 čajna žlička vanilijevega ekstrakta
- Medena glazura (po želji, za prelivanje)

NAVODILA:

a) Pečico segrejte na 350 °F (175 °C). Namastite in pomokajte pekač velikosti 9 x 13 cm.

b) V srednji skledi zmešajte večnamensko moko, pecilni prašek, sodo bikarbono, sol, mleti cimet in mleti muškatni oreščem.

c) V ločeni veliki skledi penasto stepite zmehčano maslo in kristalni sladkor.

d) Eno za drugo stepajte med in jajca, dokler se dobro ne združita.

e) Mokrim sestavinam dodajte navadni jogurt in izvleček vanilije ter mešajte do gladkega.

f) Postopoma dodajte mešanico suhe moke k mokrim sestavinam in mešajte, dokler se le ne poveže. Pazite, da ne premešate preveč.

g) Maso vlijemo v pripravljen pekač in jo enakomerno razporedimo.

h) Pecite v predhodno ogreti pečici približno 25-30 minut oziroma dokler zobotrebec, ki ga zapičite v sredino, ne izstopi čist.

i) Neobvezno: toplo torto pokapajte z medeno glazuro za dodatno sladkost in sijaj.

j) Pustite, da se fidžijska medena torta ohladi, preden jo narežete in postrežete.

4. fidžijska puding torta

SESTAVINE:

- 1 skodelica večnamenske moke
- 1/2 skodelice granuliranega sladkorja
- 2 žlički pecilnega praška
- 1/4 čajne žličke soli
- 1/2 skodelice mleka
- 2 žlici nesoljenega masla, stopljenega
- 1 čajna žlička vanilijevega ekstrakta
- 1/2 skodelice rjavega sladkorja
- 1/2 skodelice sesekljanih oreščkov (kot so orehi ali pekan orehi)
- 1 skodelica vrele vode
- Stepena smetana ali sladoled, za serviranje (neobvezno)

NAVODILA:

a) Pečico segrejte na 350 °F (175 °C). Namastite 9x9-palčni pekač.
b) V srednji skledi skupaj zmešajte večnamensko moko, granulirani sladkor, pecilni prašek in sol.
c) Mešajte mleko, stopljeno maslo in vanilijev ekstrakt, dokler ne dobite gladkega testa.
d) Maso enakomerno razporedite po pripravljenem pekaču.
e) V ločeni skledi skupaj zmešamo rjavi sladkor in sesekljane oreščke.
f) Po masi v pekaču potresemo mešanico rjavega sladkorja in oreščkov.
g) Vrelo vodo previdno enakomerno prelijemo po vrhu zmesi v pekaču. Ne mešajte.
h) Pecite v predhodno ogreti pečici približno 30-35 minut oziroma dokler torta ni zlato rjava in zobotrebec, ki ga zapičite v tortni del, ne izstopi čist.

i) Pred serviranjem pustite, da se fidžijska pudingova torta nekoliko ohladi.

j) Postrezite toplo s stepeno smetano ali sladoledom, če želite, za čudovito sladico.

5. ljubezen

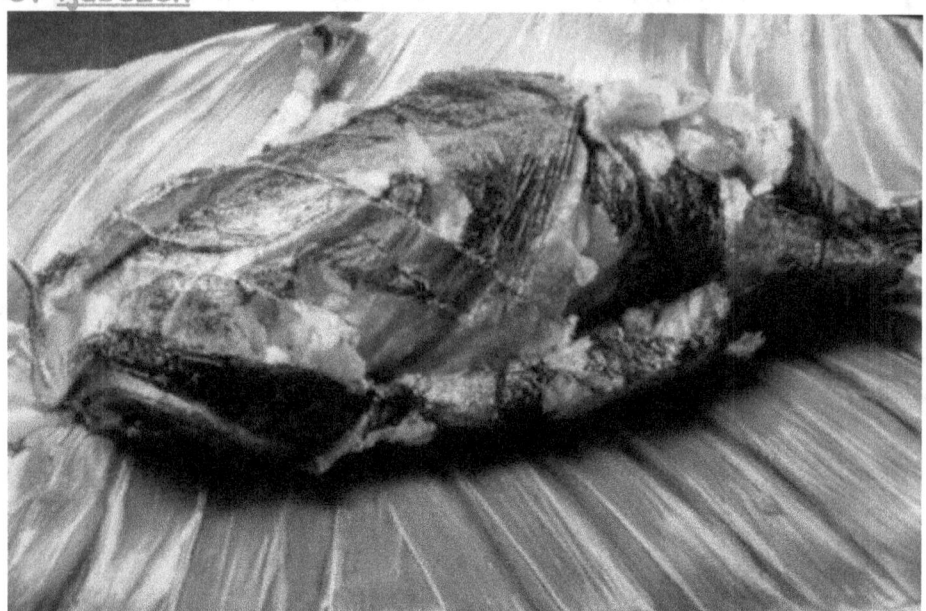

SESTAVINE:

- kasava
- Taro koren
- Sladki krompir
- Koruzni storž
- Kokosovo mleko

NAVODILA:

a) V bananine liste zavijte kasavo, korenino taro, sladki krompir in koruzo.
b) Zavito zelenjavo postavite v podzemno pečico (lovo) ali navadno pečico na 350°F (180°C).
c) Pečemo 1-2 uri, dokler se zelenjava ne zmehča.
d) Postrezite s sveže stisnjenim kokosovim mlekom.

6. Parāoa Parai (brezglutenski ocvrt kruh)

SESTAVINE:
- 250 g polnovredne mešanice za kruh
- 8 g aktivnega posušenega kvasa
- 15 g sladkorja ali medu
- ½ žličke soli
- 300 ml vode - rahlo tople

NAVODILA:
a) Zmešajte vse sestavine, dokler ne nastane testo.
b) Nežno zgnetite skupaj v kroglo, nato pa pustite v skledi in pokrijte s kuhinjsko krpo. Pustite vzhajati, dokler se ne podvoji, pribl. 1 uro, ta je vseeno, če odstoji malo dlje, saj želite, da je lahko in zračno.
c) Vzhajano testo odstranite iz sklede na rahlo pomokano mizo. Testo nežno razvaljamo na 15 mm debelo in narežemo na kvadrate velikosti 6 cm x 6 cm.
d) Srednje velik lonec olja segrejte na 165°C. Olja naredimo dovolj globoko, da se testo ne bo dotikalo podlage in bo lahko plavalo med peko.
e) NASVET: Če želite preveriti, ali je temperatura dovolj vroča, položite konec lesene žlice v olje. Če nastane mehurček, je olje pripravljeno. Olje je prevroče, če testo prehitro zlato porjavi in je notranjost še vedno testena/nepečena.
f) Testo nežno polagajte v vroče olje v serijah in pecite do zlato rjave barve, pribl. 30 sekund na stran. Ko je pečen, ga odstranite iz olja in preložite na posodo, obloženo s papirnato brisačo. Pred serviranjem pustite počivati 5 minut.

7. Fijijske bananine palačinke

SESTAVINE:
- 2 zreli banani, pretlačeni
- 1 skodelica večnamenske moke
- 1 žlička pecilnega praška
- 1/2 skodelice mleka
- 1 jajce
- 2 žlici sladkorja
- Maslo ali olje za kuhanje

NAVODILA:
a) V skledi zmešamo pretlačene banane, moko, pecilni prašek, mleko, jajca in sladkor. Mešajte, dokler ne dobite gladke mase.
b) Na zmernem ognju segrejte ponev ali ponev in dodajte malo masla ali olja.
c) Nalijte majhne dele testa na ponev, da naredite palačinke.
d) Kuhajte, dokler se na površini ne naredijo mehurčki, nato obrnite in pecite drugo stran do zlato rjave barve.
e) Postrezite fidžijske bananine palačinke z medom ali sirupom.

8. Francoski toast v fidžijskem slogu

SESTAVINE:
- 4 rezine kruha
- 2 jajci
- 1/2 skodelice kokosovega mleka
- 2 žlici sladkorja
- 1/4 žličke cimeta
- Maslo za cvrtje

NAVODILA:
a) V plitvi skledi zmešajte jajca, kokosovo mleko, sladkor in cimet.
b) Na zmernem ognju segrejte ponev ali ponev in dodajte malo masla.
c) Vsako rezino kruha pomočite v jajčno zmes in premažite obe strani.
d) Obložen kruh položimo v ponev in na vsaki strani zlato rjavo zapečemo.
e) Postrezite francoski toast v fidžijskem slogu z medom ali sirupom.

9. Palačinke iz čičerikine moke

SESTAVINE:

- 2 skodelici (184 g) gramov (čičerikine) moke (besan)
- 1½ skodelice (356 g) vode
- 1 majhna čebula, olupljena in nasekljana (približno ½ skodelice [75 g])
- 1 kos ingverjeve korenine, olupljen in nariban ali zmlet
- 1-3 zeleni tajski, serrano ali kajenski čili, sesekljani
- ¼ skodelice (7 g) posušenih listov piskavice (kasoori methi)
- ½ skodelice (8 g) svežega cilantra, mletega
- 1 čajna žlička grobe morske soli
- ½ čajne žličke mletega koriandra
- ½ čajne žličke kurkume v prahu
- 1 čajna žlička rdečega čilija v prahu ali kajenskega olja za cvrtje v ponvi

NAVODILA:

a) V globoki skledi zmešajte moko in vodo do gladkega. Rad začnem z metlico za stepanje in nato s hrbtno stranjo žlice razbijem majhne kepe moke, ki običajno nastanejo.

b) Mešanico pustite stati vsaj 20 minut.

c) Dodajte preostale sestavine, razen olja, in dobro premešajte.

d) Segrejte rešetko na srednje močnem ognju.

e) Dodamo ½ žličke olja in s hrbtno stranjo žlice ali papirnato brisačo porazdelimo po rešetki. Uporabite lahko tudi sprej za kuhanje, da enakomerno premažete ponev.

f) Z zajemalko vlijte ¼ skodelice (59 ml) testa na sredino pekača. S hrbtno stranjo zajemalke razporedite testo s krožnimi gibi v smeri urinega kazalca od sredine proti zunanji strani ponve, da dobite tanko okroglo palačinko s premerom približno 5 palcev (12,5 cm).

g) Poora kuhajte do rahlo rjave barve na eni strani, približno 2 minuti, nato pa jo obrnite, da se skuha še na drugi strani. Z lopatko pritisnite navzdol, da se tudi sredica skuha.

h) Skuhajte preostalo testo in po potrebi dodajte olje, da se ne sprime.

i) Postrezite s prilogo mojega metinega ali breskovega čatnija.

10. Krema iz pšeničnih palačink

SESTAVINE:

- 3 skodelice (534 g) pšenične smetane (sooji)
- 2 skodelici (474 ml) nesladkanega navadnega sojinega jogurta
- 3 skodelice (711 ml) vode
- 1 čajna žlička grobe morske soli
- ½ čajne žličke mletega črnega popra
- ½ čajne žličke rdečega čilija v prahu ali kajenskega lista
- ½ rumene ali rdeče čebule, olupljene in na drobno narezane
- 1-2 zelena tajska, serrano ali kajenski čili, nasekljana
- Olje, za cvrtje v ponvi, postavite na stran v majhno skledo
- ½ velike čebule, olupljene in prepolovljene (za pripravo ponve)

NAVODILA:

a) V globoki skledi zmešajte pšenično smetano, jogurt, vodo, sol, črni poper in rdeči čili v prahu ter pustite za 30 minut, da rahlo fermentira.

b) Dodamo na kocke narezano čebulo in čili. Nežno premešajte.

c) Segrejte rešetko na srednje močnem ognju. V ponev damo 1 žličko olja.

d) Ko se ponev segreje, zapičimo vilice v nerazrezan, zaobljen del čebule. Držite ročaj vilice in podrgnite narezano polovico čebule naprej in nazaj po ponvi. Kombinacija toplote, čebulnega soka in olja pomaga preprečiti, da bi se vaša doza sprijela. Čebulo z vstavljenimi vilicami imejte pri roki za ponovno uporabo med odmerki. Ko počrni iz ponve, samo na tanko odrežite sprednjo stran.

e) Majhno posodo z oljem z žlico držite ob strani - uporabili jo boste pozneje.

f) Zdaj pa končno k kuhanju! Na sredino vroče, pripravljene ponve vlijte malo več kot $\frac{1}{4}$ skodelice (59 ml) testa. S hrbtno stranjo zajemalke počasi delajte gibe v smeri urinega kazalca od sredine proti zunanjemu robu ponve, dokler testo ne postane tanko in podobno palačinki. Če mešanica takoj začne brbotati, rahlo zmanjšajte temperaturo.

g) Z majhno žličko v tankem curku polivamo olje v krogu okoli testa.

h) Pustite, da se dosa kuha, dokler rahlo ne porjavi in se odmakne od ponve. Obrnite in pecite še drugo stran.

PREDJEDI

11. Fijian Ceviche s kokosom

SESTAVINE:
- 1 lb kuhanih kozic ali rib, olupljenih in očiščenih
- 1 kumara, narezana na kocke
- 1 paradižnik, narezan na kocke
- 1 paprika (poljubne barve), narezana na kocke
- 1/4 skodelice drobno sesekljane rdeče čebule
- 1/4 skodelice sesekljanega svežega cilantra
- Sok 2-3 limet
- 1/2 skodelice kokosovega mleka
- Sol in poper po okusu
- Drobno sesekljan čili poper (neobvezno, za dodatno toploto)
- Popečeni kokosovi kosmiči (po želji, za okras)
- Krekerji ali tortilja čips, za serviranje

NAVODILA:
a) V veliki skledi zmešajte kuhane kozice ali ribe, na kocke narezano kumaro, paradižnik, papriko, rdečo čebulo in sesekljan koriander.
b) V ločeni majhni skledi zmešajte limetin sok, kokosovo mleko, sol in poper. Začimbe prilagodite svojemu okusu.
c) Preliv iz kokosovega mleka in limete prelijte čez mešanico kozic ali rib v veliki skledi.
d) 4. Vse skupaj premešajte, dokler se sestavine dobro ne prekrijejo s prelivom.
e) Če vam je ljubše, lahko cevicheju dodate drobno sesekljan čili in ga premešate.
f) Skledo pokrijemo s plastično folijo in postavimo v hladilnik za vsaj 30 minut, da se okusi prepojijo.

g) Pred serviranjem fidžijski kokosov ceviche še dokončno premešajte in začinite. Po potrebi dodajte več soli, popra ali limetinega soka.

h) Po želji potresite opečene kokosove kosmiče na vrh cevicheja za dodatno teksturo in pridih dodatnega kokosovega okusa.

i) Fijian Coconut Ceviche postrezite ohlajen s krekerji ali tortiljinim čipsom za osvežilno in čudovito predjed ali lahek obrok.

12. Fijian Taro in kokosovi cmoki

SESTAVINE:

- 2 skodelici taroja, olupljen in nariban
- 1 skodelica naribanega kokosa
- 1/2 skodelice sladkorja
- Ščepec soli

NAVODILA:

a) V posodi za mešanje zmešajte nariban taro in kokos.
b) Dodamo sladkor in ščepec soli, nato dobro premešamo.
c) Iz zmesi oblikujte majhne polpete in jih kuhajte na pari približno 20-30 minut oziroma dokler ne postanejo čvrsti.
d) Postrezite te sladke in škrobnate cmoke kot fidžijski zajtrk.

13. fidžijski čips iz kasave

SESTAVINE:
- 2 veliki korenini kasave
- Rastlinsko olje za cvrtje
- Sol in poper po okusu

NAVODILA:
a) Olupite korenine kasave in jih narežite na tanke kolobarje ali trakove.
b) V globoki ponvi ali loncu segrejte rastlinsko olje.
c) Rezine kasave pražite, dokler ne postanejo zlato rjave in hrustljave.
d) Odstranite iz olja in odcedite na papirnatih brisačah.
e) Začinimo s soljo in poprom po okusu.
f) Postrezite čips iz kasave kot hrustljavo fidžijsko predjed.

14. Fidžijske piščančje samose

SESTAVINE:

- 1 skodelica kuhanega piščanca, narezanega
- 1/2 skodelice na kocke narezanega krompirja, kuhanega
- 1/2 skodelice graha
- 1/4 skodelice na kocke narezanega korenja, kuhanega
- 1/4 skodelice drobno sesekljane čebule
- 2 stroka česna, nasekljana
- 1 žlička karija v prahu
- Sol in poper po okusu
- Samosa ovitki (na voljo v trgovinah)
- Rastlinsko olje za cvrtje

NAVODILA:

a) V ponvi prepražimo čebulo in česen, da zadišita.

b) Dodajte piščanca, krompir, grah, korenje in curry. Kuhajte nekaj minut.

c) Začinimo s soljo in poprom.

d) Z mešanico napolnimo zavitke samose, jih zložimo v trikotnike in robove zalepimo z malo vode.

e) V globlji ponvi segrejte rastlinsko olje in pražite samose, dokler ne postanejo zlato rjave in hrustljave.

f) Postrezite te slastne fidžijske piščančje samose s čatnijem.

15. Fijian Fish Curry Puffs

SESTAVINE:

- 1 skodelica kuhane ribe, v kosmičih
- 1/2 skodelice na kocke narezanega krompirja, kuhanega
- 1/4 skodelice graha
- 1/4 skodelice na kocke narezanega korenja, kuhanega
- 1/4 skodelice narezane čebule
- 1 strok česna, sesekljan
- 1 žlička karija v prahu
- Sol in poper po okusu
- Listi listnatega testa (na voljo v trgovinah)

NAVODILA:

a) V ponvi prepražimo čebulo in česen, da zadišita.
b) Dodajte ribe, krompir, grah, korenje in curry. Kuhajte nekaj minut.
c) Začinimo s soljo in poprom.
d) Z zmesjo nadevamo liste listnatega testa, jih zložimo v trikotnike in zalepimo robove.
e) Pecite po navodilih na embalaži listnatega testa, dokler niso zlatorjavi in napihnjeni.
f) Postrezite te okusne fidžijske napihnjence z ribjim karijem kot predjed.

16. fidžijske kokosove kozice

SESTAVINE:

- 1/2 lb velike kozice, olupljene in razrezane
- 1 skodelica naribanega kokosa
- 1/2 skodelice večnamenske moke
- 1 jajce, pretepeno
- Sol in poper po okusu
- Rastlinsko olje za cvrtje

NAVODILA:

a) V skledi zmešamo nariban kokos s ščepcem soli in popra.
b) Vsako kozico pomočimo v stepeno jajce in jo nato obložimo z naribanim kokosom.
c) V ponvi segrejemo rastlinsko olje in na njem pražimo obložene kozice, da zlato porjavijo in hrustljavo zapečejo.
d) Postrezite te slastne fidžijske kokosove kozice z omako za namakanje po vaši izbiri.

17. Fidžijski začinjeni praženi oreščki

SESTAVINE:

- 2 skodelici mešanice oreščkov (mandlji, indijski oreščki, arašidi itd.)
- 1 žlica oljčnega olja
- 1 žlička karija v prahu
- 1/2 žličke mlete kumine
- 1/2 žličke paprike
- Sol po okusu

NAVODILA:

a) Pečico segrejte na 350 °F (180 °C).
b) V skledo stresite zmešane oreščke z oljčnim oljem, karijem, kumino, papriko in ščepcem soli.
c) Začinjene oreščke razporedimo po pekaču in pražimo 10-15 minut oziroma dokler ne zadišijo in rahlo popečejo.
d) Pustite, da se ohladijo, preden jih postrežete kot začinjeno mešanico fidžijskih oreščkov.

GLAVNA JED

18. Fiji ocvrt riž

SESTAVINE:
- 2 skodelici kuhanega riža, ohlajeno
- 2 jajci, pretepeni
- 1/2 skodelice narezane šunke ali kuhanega piščanca
- 1/2 skodelice narezanega ananasa
- 1/2 skodelice mešane na kocke narezane zelenjave (paprika, grah, korenje itd.)
- Sojina omaka po okusu
- Sol in poper po okusu
- Olje za kuhanje

NAVODILA:
a) V veliki ponvi ali voku na srednje močnem ognju segrejte nekaj olja.
b) Dodamo stepena jajca in jih umešamo. Odstranite iz ponve in postavite na stran.
c) V isto ponev po potrebi dolijemo še malo olja in med mešanjem pražimo na kocke narezano šunko ali piščanca in mešano zelenjavo, da se zmehčata.
d) Dodajte kuhan riž, umešana jajca, na kocke narezan ananas in kanček sojine omake. Med mešanjem pražimo toliko časa, da se vse skupaj dobro segreje in poveže.
e) Začinimo s soljo in poprom po okusu.
f) Za fidžijski zajtrk postrezite vroč riž.

19. Fijian piščančji kotlet Suey

SESTAVINE:

- 1 lb piščančjih prsi ali beder brez kosti in kože, narezanih na tanke rezine
- 2 žlici rastlinskega olja
- 1 čebula, narezana
- 2 stroka česna, nasekljana
- 1-palčni kos svežega ingverja, nariban
- 1 skodelica narezanega zelja
- 1 skodelica narezanega korenja
- 1 skodelica narezane paprike (rdeče, zelene ali rumene)
- 1 skodelica narezanih cvetov brokolija
- 1/4 skodelice sojine omake
- 2 žlici ostrigine omake
- 1 žlica koruznega škroba, raztopljenega v 2 žlicah vode
- Kuhan beli riž, za serviranje

NAVODILA:

a) V veliki ponvi ali voku segrejte rastlinsko olje na srednje močnem ognju.

b) Dodamo narezan piščanec in med mešanjem pražimo, dokler ni pečen in rahlo porjavi. Odstranite piščanca iz ponve in ga postavite na stran.

c) V isti ponvi po potrebi dodaj še malo olja in na njem prepraži narezano čebulo, sesekljan česen in nariban ingver, da zadiši in čebula postekleni.

d) V ponev dodamo narezano zelje, korenje, papriko in brokoli. Zelenjavo med mešanjem pražimo nekaj minut, da postane mehka in hrustljava.

e) Kuhanega piščanca vrnite v ponev in ga zmešajte z zelenjavo.

f) V majhni skledi zmešajte sojino omako in omako iz ostrig. Omako prelijte čez piščanca in zelenjavo ter vse skupaj dobro premešajte.
g) Vmešajte mešanico koruznega škroba, da se omaka nekoliko zgosti.
h) Postrezite Fijian Chicken Chop Suey na kuhanem belem rižu za okusen in zadovoljiv obrok.

20. Fidžijski Mahi Mahi na žaru

SESTAVINE:

- 4 Mahi Mahi fileji (ali katera koli čvrsta bela riba)
- 1/4 skodelice kokosovega mleka
- 2 žlici limetinega soka
- 2 stroka česna, nasekljana
- 1 čajna žlička naribanega svežega ingverja
- 1 čajna žlička mlete kumine
- 1 čajna žlička mletega koriandra
- 1/2 čajne žličke kurkume v prahu
- Sol in poper po okusu
- Sesekljan svež cilantro, za okras
- Rezine limete, za serviranje

NAVODILA:

a) V plitvi posodi zmešajte kokosovo mleko, limetin sok, mleti česen, nariban ingver, mleto kumino, mleti koriander, kurkumo v prahu, sol in poper, da ustvarite marinado.

b) Fileje Mahi Mahi položite v marinado in pazite, da jih dobro premažete. Posodo pokrijemo in pustimo v hladilniku vsaj 30 minut, da se okusi prepojijo z ribami.

c) Predgrejte žar na srednje visoko temperaturo.

d) Odstranite Mahi Mahi fileje iz marinade in jih pecite na žaru približno 3-4 minute na vsaki strani ali dokler niso pečeni in imajo lepe sledi žara.

e) Med peko na žaru lahko ribo s čopičem namažete z ostanki marinade, da ostane vlažna in ji dodate dodaten okus.

f) Ko je riba pečena, jo prestavimo na servirni krožnik in okrasimo s sesekljanim svežim cilantrom.

g) Fidžijski mahi mahi na žaru postrezite z rezinami limete ob strani, da jih stisnete čez ribe.

21. Piščanec na žaru v podzemni pečici

SESTAVINE:

- 1 cel piščanec, očiščen in narezan na kose
- 1 lb jagnječjih kotletov ali kosov jagnječjega mesa
- 1 lb svinjskih reber ali koščkov svinjine
- 1 lb ribjih filejev (katera koli čvrsta bela riba)
- 1 lb taroja, olupljenega in narezanega na koščke
- 1 lb sladkega krompirja, olupljenega in narezanega na koščke
- 1 lb kasave, olupljene in narezane na koščke
- 1 lb trpotcev, olupljenih in narezanih na koščke
- Bananini listi ali alu folija, za zavijanje
- Sol in poper po okusu
- Rezine limone ali limete za serviranje

NAVODILA:

a) Predgrejte žar na srednje visoko temperaturo.

b) Piščanca, jagnjetino in svinjino začinite s soljo in poprom po okusu.

c) V veliki skledi zmešajte taro, sladki krompir, kasavo in trpotec.

d) Ustvarite posamezne pakete z bananinimi listi ali aluminijasto folijo, tako da del vsakega mesa in zelenjave položite na sredino in zložite liste ali folijo, da varno zaprete vsebino.

e) Pakete položite na žar in jih pecite približno 1 do 1,5 ure oziroma dokler se vse meso in zelenjava ne zmehčata in popolnoma kuhata.

f) Pakete previdno odprite in popečeno vsebino preložite na servirni krožnik.

g) Postrezite fidžijski obrok na žaru v podzemni pečici z rezinami limone ali limete ob strani za dodatno svežino in okus.

22. Fidžijska hobotnica, dušena v kokosovi smetani

SESTAVINE:

- 2 kg hobotnice, očiščene in narezane na grižljaj velike kose
- 2 žlici rastlinskega olja
- 1 čebula, drobno sesekljana
- 2 stroka česna, nasekljana
- 1-palčni kos svežega ingverja, nariban
- 2 paradižnika, sesekljana
- 1 skodelica kokosove smetane
- 2 skodelici vode ali ribje osnove
- 1 žlica ribje omake
- 1 žlica sojine omake
- 1 žlica limoninega ali limetinega soka
- Sol in poper po okusu
- Sesekljan svež cilantro, za okras
- Kuhan beli riž, za serviranje

NAVODILA:

a) V velikem loncu ali nizozemski pečici segrejte rastlinsko olje na srednjem ognju.
b) Dodamo sesekljano čebulo, sesekljan česen in nariban ingver. Pražite, dokler čebula ni mehka in prosojna.
c) V lonec dodajte koščke hobotnice in kuhajte nekaj minut, dokler se ne začnejo zvijati in postanejo neprozorni.
d) Primešajte sesekljan paradižnik, kokosovo smetano, vodo ali ribjo osnovo, ribjo omako, sojino omako in limonin ali limetin sok. Vse skupaj dobro premešamo.
e) Lonec pokrijte in pustite, da enolončnica hobotnice vre na majhnem ognju približno 45 minut do 1 ure oziroma dokler ne postane mehka in popolnoma kuhana.
f) Začinimo s soljo in poprom po okusu.

g) Pred serviranjem okrasite s sesekljanim svežim cilantrom.

h) Fidžijsko hobotnico, dušeno v kokosovi smetani, postrezite s kuhanim belim rižem za čudovito morsko jed.

23. Fidžijska kokosova riba s špinačo in rižem

SESTAVINE:

- 1 steblo limonske trave, drobno sesekljano
- 1 rdeč čili, drobno narezan (neobvezno)
- ½ rdeče čebule, narezane na tanke rezine
- 4 zreli paradižniki, grobo narezani (ali 1 konzerva zdrobljenih paradižnikov)
- 1 pločevinka kokosovega mleka
- 2-3 žlice limoninega soka
- 2 žlici ribje omake
- 1 čajna žlička sladkorja
- ¼ skodelice listov bazilike, grobo narezanih, plus dodatek za okras
- 600 g filejev bele ribe (npr. terakihi, hlastač, hlastač itd.)
- 300 g mlade špinače
- Dušen riž, za serviranje

NAVODILA:

a) V veliki ponvi na srednjem ognju dodajte ¼ skodelice kokosovega mleka, limonsko travo in čili (če uporabljate). Pražite, dokler tekočina ne izhlapi in se limonska trava zmehča (približno 2-3 minute).

b) Primešamo preostalo kokosovo mleko, narezano čebulo, paradižnik (svež ali iz konzerve), limonin sok, ribjo omako, sladkor in sesekljane liste bazilike. Pustite mešanico vreti 5 minut, da se okusi stopijo.

c) Ribje fileje posušite s papirnatimi brisačkami in se prepričajte, da na njih ni lusk ali kosti. Ribe začinite s soljo in poprom.

d) Ribje fileje nežno položite v kokosovo omako in se prepričajte, da so popolnoma potopljeni. Dušimo 4 minute, nato pa fileje previdno obrnemo in kuhamo še 1 minuto ali dokler ribe niso ravno kuhane.

e) V ločeni ponvi dušimo ali rahlo podušimo mlado špinačo, dokler ne oveni.

f) Za serviranje na vsak krožnik z žlico stresite izdatno količino riža. Povrhu z ribami in okusno kokosovo omako.

g) Zraven dodamo del ovenele špinače. Okrasite z dodatnimi listi bazilike za svež pridih.

KARIJE IN JUHE

24. Fijian piščanec, paradižnik in krompirjev curry

SESTAVINE:
- 1 lb kosov piščanca (s kostmi ali brez kosti), narezanih na majhne koščke
- 2 žlici rastlinskega olja
- 1 čebula, drobno sesekljana
- 2 stroka česna, nasekljana
- 1-palčni kos svežega ingverja, nariban
- 2 paradižnika, sesekljana
- 2 krompirja, olupljena in narezana na kocke
- 1 skodelica kokosovega mleka
- 1 žlica karija v prahu
- 1 čajna žlička mlete kumine
- 1 čajna žlička mletega koriandra
- 1/2 čajne žličke kurkume v prahu
- 1/4 čajne žličke čilija v prahu (prilagodite svojim željam po začimbah)
- Sol in poper po okusu
- Sesekljan svež cilantro, za okras
- Kuhan beli riž, za serviranje

NAVODILA:
a) V velikem loncu ali ponvi na srednjem ognju segrejte rastlinsko olje.

b) Dodamo sesekljano čebulo, sesekljan česen in nariban ingver. Pražite, dokler čebula ni mehka in prosojna.

c) V lonec dodamo kose piščanca in jih zapečemo z vseh strani.

d) Vmešajte sesekljan paradižnik, na kocke narezan krompir, kokosovo mleko, kari v prahu, mleto kumino, mleti koriander, kurkumo v prahu in čili v prahu. Vse skupaj dobro premešamo.

e) Začinimo s soljo in poprom po okusu.
f) Lonec pokrijte in pustite, da curry na majhnem ognju vre približno 30 minut oziroma dokler ni piščanec popolnoma kuhan, krompir pa mehak.
g) Po potrebi prilagodite začimbe.
h) Pred serviranjem okrasite s sesekljanim svežim cilantrom.
i) Postrezite fidžijski piščanec, paradižnik in krompirjev curry s kuhanim belim rižem za prijeten in okusen obrok.

25. Kari s fidžijskimi rakci

SESTAVINE:
- 2 kg rakov, očiščenih in narezanih na koščke
- 2 žlici rastlinskega olja
- 1 čebula, drobno sesekljana
- 2 stroka česna, nasekljana
- 1-palčni kos svežega ingverja, nariban
- 2 paradižnika, sesekljana
- 1 žlica karija v prahu
- 1 čajna žlička mlete kumine
- 1 čajna žlička mletega koriandra
- 1/2 čajne žličke kurkume v prahu
- 1/4 čajne žličke čilija v prahu (prilagodite svojim željam po začimbah)
- 1 skodelica kokosovega mleka
- Sol in poper po okusu
- Sesekljan svež cilantro, za okras
- Kuhan beli riž, za serviranje

NAVODILA:
a) V velikem loncu ali ponvi na srednjem ognju segrejte rastlinsko olje.
b) Dodamo sesekljano čebulo, sesekljan česen in nariban ingver. Pražite, dokler čebula ni mehka in prosojna.
c) V lonec dodamo rake in jih nekaj minut pražimo, dokler ne postanejo rožnati.
d) Vmešajte sesekljan paradižnik, curry v prahu, mleto kumino, mleti koriander, kurkumo v prahu in čili v prahu. Vse skupaj dobro premešamo.
e) Prilijemo kokosovo mleko in curry zavremo.

f) Lonec pokrijte in pustite, da se rakci kuhajo v kokosovem curryju približno 15-20 minut ali dokler niso popolnoma kuhani in mehki.
g) Začinimo s soljo in poprom po okusu.
h) Pred serviranjem okrasite s sesekljanim svežim cilantrom.
i) Fijian Crabs Curry postrezite s kuhanim belim rižem za čudovit morski obrok.

26. fidžijske kozice s karijem

SESTAVINE:

- 1 lb velikih kozic, olupljenih in očiščenih
- 2 žlici rastlinskega olja
- 1 čebula, drobno sesekljana
- 2 stroka česna, nasekljana
- 1-palčni kos svežega ingverja, nariban
- 2 paradižnika, sesekljana
- 1 žlica karija v prahu
- 1 čajna žlička mlete kumine
- 1 čajna žlička mletega koriandra
- 1/2 čajne žličke kurkume v prahu
- 1/4 čajne žličke čilija v prahu (prilagodite svojim željam po začimbah)
- 1 skodelica kokosovega mleka
- Sol in poper po okusu
- Sesekljan svež cilantro, za okras
- Kuhan beli riž, za serviranje

NAVODILA:

a) V velikem loncu ali ponvi na srednjem ognju segrejte rastlinsko olje.
b) Dodamo sesekljano čebulo, sesekljan česen in nariban ingver. Pražite, dokler čebula ni mehka in prosojna.
c) V lonec dodamo kozice in jih kuhamo nekaj minut, da začnejo rožnati.
d) Vmešajte sesekljan paradižnik, curry v prahu, mleto kumino, mleti koriander, kurkumo v prahu in čili v prahu. Vse skupaj dobro premešamo.
e) Prilijemo kokosovo mleko in mešanico zavremo.

f) Lonec pokrijte in pustite, da se kozice kuhajo v kokosovem curryju približno 5-7 minut oziroma dokler niso popolnoma kuhane in mehke.
g) Začinimo s soljo in poprom po okusu.
h) Pred serviranjem okrasite s sesekljanim svežim cilantrom.
i) Fidžijske kozice s karijem postrezite s kuhanim belim rižem za okusno morsko jed.

27. Manioka kokosov kari

SESTAVINE:

- 2 žlici (30 ml) kokosovega olja
- 1/2 čebule, sesekljane
- 8 strokov česna
- 1-palčni kos svežega ingverja
- 14 oz (400 g) kasave (olupljene, oprane in narezane na 1-palčne kocke)
- 1 žlička kurkume v prahu
- 1 žlička soli ali po okusu
- 1 žlička sveže mletega popra
- 3 skodelice (720 ml) vode
- 2 skodelici (480 ml) kokosovega mleka
- 8 celih svežih curryjevih listov

NAVODILA:

a) Na zmernem ognju segrejte veliko ponev ali ponev in dodajte 1 žlico kokosovega olja. V ponev dodajte sesekljano čebulo in jo pražite, dokler ne postekleni, približno 3 minute.

b) Česen in ingver pretlačite z možnarjem in tolkačem ter dodajte to grobo pasto čebuli. Pustite to kuhati minuto. Dodajte sesekljane kocke kasave, kurkumo, 1 žličko soli ali po okusu in poper. Dobro premešamo. Prilijemo vodo in ponev pokrijemo s pokrovko ter pustimo vreti. Po 15 minutah ponev odkrijemo in preverimo, ali so se kocke kasave zmehčale. Če kocke niso mehke, nadaljujte s kuhanjem še 3 do 5 minut.

c) Zmanjšajte ogenj, dodajte kokosovo mleko in dobro premešajte. Pustite, da se omaka rahlo zgosti 2 minuti. Okusite in prilagodite začimbe.

d) V ločeni ponvi na srednje nizki temperaturi segrejte preostalo 1 žlico kokosovega olja. Dodajte karijeve liste in pustite, da se segrejejo 1 minuto. Odstavite z ognja in

28. fidžijski račji kari

SESTAVINE:

- 2 kg račjega mesa, narezanega na kose
- 2 žlici rastlinskega olja
- 1 čebula, drobno sesekljana
- 2 stroka česna, nasekljana
- 1-palčni kos svežega ingverja, nariban
- 2 paradižnika, sesekljana
- 1 žlica karija v prahu
- 1 čajna žlička mlete kumine
- 1 čajna žlička mletega koriandra
- 1/2 čajne žličke kurkume v prahu
- 1/4 čajne žličke čilija v prahu (prilagodite svojim željam po začimbah)
- 1 skodelica kokosovega mleka
- Sol in poper po okusu
- Sesekljan svež cilantro, za okras
- Kuhan beli riž, za serviranje

NAVODILA:

a) V velikem loncu ali ponvi na srednjem ognju segrejte rastlinsko olje.
b) Dodamo sesekljano čebulo, sesekljan česen in nariban ingver. Pražite, dokler čebula ni mehka in prosojna.
c) V lonec dodamo račje meso in ga kuhamo toliko časa, da se zapeče z vseh strani.
d) Vmešajte sesekljan paradižnik, curry v prahu, mleto kumino, mleti koriander, kurkumo v prahu in čili v prahu. Vse skupaj dobro premešamo.
e) Prilijemo kokosovo mleko in curry zavremo.

f) Lonec pokrijte in pustite, da se račje meso kuha v kokosovem curryju približno 45-60 minut oziroma dokler ni mehko in popolnoma kuhano.

g) Začinimo s soljo in poprom po okusu.

h) Pred serviranjem okrasite s sesekljanim svežim cilantrom.

i) Postrezite fidžijski račji kari s kuhanim belim rižem za okusen in obilen obrok.

29. Fidžijski ribji kari

SESTAVINE:
- 3 žlice (44 mililitrov) rastlinskega olja
- 1 srednja čebula, olupljena in narezana na kocke
- 1 cimetova palčka
- 3 stroki česna, olupljeni in nasekljani
- 2 dolga rdeča čilija, ki jim odstranite peclje in semena, nasekljate
- 1 1/2 čajne žličke garam masale
- 1 čajna žlička mlete pražene kumine
- 1 čajna žlička mlete kurkume
- 2 srednje velika paradižnika, narezana na drobne kocke
- 1 1/2 funta (680 gramov) čvrste bele ribe
- Sok 1 limone
- 1 2/3 skodelice (400 ml) kokosovega mleka
- Sol po okusu
- Sveže sesekljan koriander za okras
- Dušen beli riž za serviranje

NAVODILA:
a) V veliki ponvi na srednjem ognju pokapljajte rastlinsko olje.

b) Ko se olje segreje, dodamo na kocke narezano čebulo in cimetovo palčko. Pražimo, dokler se čebula ne začne mehčati, nato dodamo sesekljan česen in sesekljan rdeči čili. Kuhajte, dokler ne zadiši.

c) Vmešajte garam masalo, mleto praženo kumino in mleto kurkumo. Pustite, da začimbe sprostijo svoj okus in aromo.

d) V ponev dodajte na drobne kocke narezan paradižnik in kuhajte, občasno premešajte, dokler se paradižniki ne začnejo razpadati in oblikujejo konsistenco, podobno omaki, približno 15 minut.

e) Okoli paradižnikove mešanice v ponvi ugnezdite koščke čvrste bele ribe. Po vrhu ribe pokapajte limonin sok.

f) Ribo nekaj minut pečemo na eni strani in nato kose nežno obrnemo na drugo stran.

g) Prilijemo kokosovo mleko in zmes pustimo na rahlem vrenju. Pustite, da se ribe skuhajo in prevzamejo okuse kokosovega curryja približno 5 minut.

h) Ribo Suruwa začinite s soljo po okusu.

i) Pred serviranjem okrasite s sveže sesekljanim cilantrom.

j) Takoj postrezite okusno ribo Suruwa po fidžiju s parjenim belim rižem.

k) Uživajte v tem hitrem in okusnem ribjem kariju kot čudovitem obroku!

30. fidžijski kozji kari

SESTAVINE:

- 2 kg kozjega mesa, narezanega na kose
- 2 žlici rastlinskega olja
- 1 čebula, drobno sesekljana
- 2 stroka česna, nasekljana
- 1-palčni kos svežega ingverja, nariban
- 2 paradižnika, sesekljana
- 1 žlica karija v prahu
- 1 čajna žlička mlete kumine
- 1 čajna žlička mletega koriandra
- 1/2 čajne žličke kurkume v prahu
- 1/4 čajne žličke čilija v prahu (prilagodite svojim željam po začimbah)
- 1 skodelica kokosovega mleka
- Sol in poper po okusu
- Sesekljan svež cilantro, za okras
- Kuhan beli riž, za serviranje

NAVODILA:

a) V velikem loncu ali ponvi na srednjem ognju segrejte rastlinsko olje.
b) Dodamo sesekljano čebulo, sesekljan česen in nariban ingver. Pražite, dokler čebula ni mehka in prosojna.
c) V lonec dodamo kozje meso in ga kuhamo toliko časa, da se zapeče z vseh strani.
d) Vmešajte sesekljan paradižnik, curry v prahu, mleto kumino, mleti koriander, kurkumo v prahu in čili v prahu. Vse skupaj dobro premešamo.
e) Prilijemo kokosovo mleko in curry zavremo.

f) Lonec pokrijte in pustite, da se kozje meso kuha v kokosovem curryju približno 1,5 do 2 uri oziroma dokler se ne zmehča in zlahka odpade od kosti.
g) Morda boste morali med kuhanjem dodati nekaj vode, če curry postane presuh.
h) Začinimo s soljo in poprom po okusu.
i) Pred serviranjem okrasite s sesekljanim svežim cilantrom.
j) Postrezite fidžijski kozji kari s kuhanim belim rižem ali rotijem za obilen in okusen obrok.

31. fidžijski taro in špinačna juha

SESTAVINE:

- 2 skodelici taroja, olupljenega in narezanega na kocke
- 1 skodelica sveže narezane špinače
- 1/2 čebule, sesekljane
- 2 stroka česna, nasekljana
- 4 skodelice zelenjavne ali piščančje juhe
- 1/2 skodelice kokosovega mleka
- Sol in poper po okusu

NAVODILA:

a) V velikem loncu prepražimo čebulo in česen, da zadišita.
b) Dodamo na kocke narezan tarok in pražimo nekaj minut.
c) Prilijemo juho in dušimo, dokler se tarok ne zmehča.
d) Dodamo narezano špinačo in kokosovo mleko. Kuhamo toliko časa, da špinača oveni.
e) Začinimo s soljo in poprom.
f) Ta fidžijski taro in špinačno juho postrezite kot izdatno predjed.

32. fidžijska jagnjetina

SESTAVINE:

- 2 kg jagnječjega obarvanega mesa, narezanega na koščke
- 2 žlici rastlinskega olja
- 1 čebula, drobno sesekljana
- 2 stroka česna, nasekljana
- 1-palčni kos svežega ingverja, nariban
- 2 paradižnika, sesekljana
- 1 žlica karija v prahu
- 1 čajna žlička mlete kumine
- 1 čajna žlička mletega koriandra
- 1/2 čajne žličke kurkume v prahu
- 1/4 čajne žličke čilija v prahu (prilagodite svojim željam po začimbah)
- 1 skodelica kokosovega mleka
- 2 skodelici vode ali zelenjavne juhe
- Sol in poper po okusu
- Sesekljan svež cilantro, za okras
- Kuhan beli riž ali roti, za serviranje

NAVODILA:

a) V velikem loncu ali nizozemski pečici segrejte rastlinsko olje na srednjem ognju.

b) Dodamo sesekljano čebulo, sesekljan česen in nariban ingver. Pražite, dokler čebula ni mehka in prosojna.

c) V lonec dodamo jagnječjo obaro in jo pražimo toliko časa, da se z vseh strani zapeče.

d) Vmešajte sesekljan paradižnik, curry v prahu, mleto kumino, mleti koriander, kurkumo v prahu in čili v prahu. Vse skupaj dobro premešamo.

e) Prilijemo kokosovo mleko in vodo ali zelenjavno juho. Enolončnico zavremo.

f) Lonec pokrijte in pustite, da se jagnječja enolončnica kuha na majhnem ognju približno 1,5 do 2 uri oziroma dokler meso ni mehko in okusno.

g) Začinimo s soljo in poprom po okusu.

h) Pred serviranjem okrasite s sesekljanim svežim cilantrom.

i) Fidžijsko jagnjetino enolončnico postrezite s kuhanim belim rižem ali rotijem za obilen in okusen obrok.

33. Fijian Squash Kale Curry

SESTAVINE:
- 1 skodelica ohrovta, sesekljanega
- 2 skodelici kokosovega mleka
- 2 skodelici maslene buče, narezane na kocke
- 1 žlica česna v prahu
- 1 skodelica čičerike, namočene čez noč
- 1 čajna žlička čilija v prahu
- 1 žlica kumine v prahu
- 2 skodelici zelenjavne juhe
- 3 stroki česna, sesekljani
- 1 srednja čebula, sesekljana
- 3 žlice oljčnega olja
- 1 čajna žlička popra

NAVODILA:
a) V instant loncu združite vse sestavine in dobro premešajte.
b) Ponev zaprite s pokrovom in kuhajte na majhnem ognju 6 ur.
c) Pred serviranjem dobro premešamo.

34. Fidžijski špinačni kari iz leče

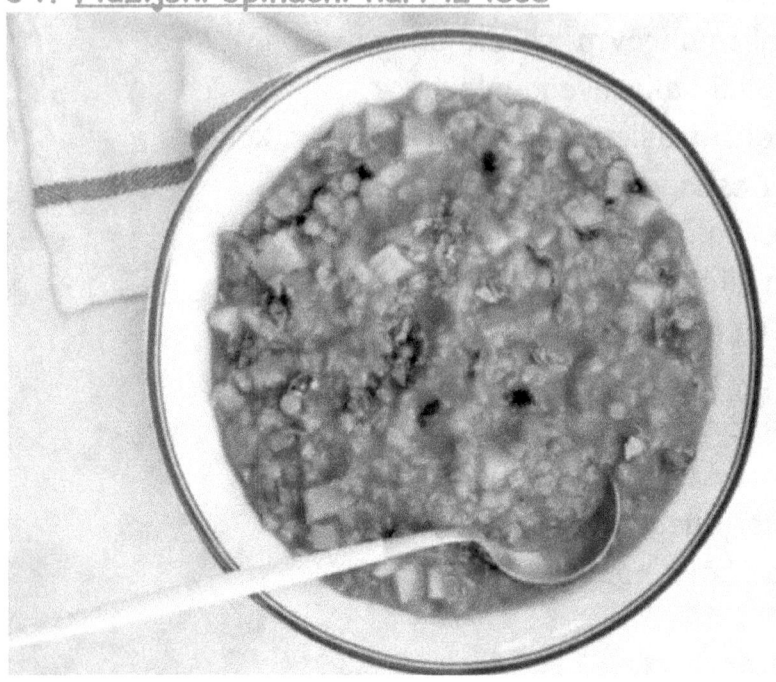

SESTAVINE:

- 4 skodelice mlade špinače, sesekljane
- 1 srednja čebula, sesekljana
- 2 žlici olivnega olja
- 3 skodelice zelenjavne juhe
- 3 stroki česna, sesekljani
- 1/4 čajne žličke kajenskega popra
- 1 1/2 skodelice rdeče leče, posušene
- 1 čajna žlička mletega koriandra
- 1 čajna žlička mlete kumine
- 1/4 skodelice cilantra, sesekljanega
- 1 srednje velik krompir, narezan na kocke
- 1 čajna žlička mlete kurkume
- 1/2 čajne žličke soli

NAVODILA:

a) V ponev vlijemo olje in ga vklopimo v način praženja.
b) Čebulo pražimo 5 minut.
c) Dodamo česen in kuhamo še 30 sekund.
d) Vmešajte kajensko papriko, kurkumo, koriander in kumino.
e) Vse skupaj temeljito premešamo.
f) V veliki posodi za mešanje zmešajte krompir, zelenjavno osnovo, lečo in sol. Vse skupaj temeljito premešamo.
g) Kuhajte na visoki temperaturi s pokrovom na loncu.
h) Uporabite metodo hitre sprostitve, da sprostite pritisk, preden odprete pokrov.
i) Vmešajte koriander in špinačo.

35. Fijian leča Chipotle Curry

SESTAVINE:

- 1 skodelica rjave leče; oplakniti in pobrati
- 1/2 srednje čebule; sesekljan.
- 1/2 srednje zelene paprike; sesekljan.
- 1/2 žlice olja oljne repice
- 1 chipotle v adobo omaki
- 1/4 skodelice posušenih paradižnikov; sesekljan.
- 1/2 čajne žličke mlete kumine
- 1 strok česna; sesekljan.
- $1\frac{1}{2}$ žlice čilija v prahu
- 1 pločevinka (1/4 oz. na kocke narezanega paradižnika
- 2 skodelici zelenjavne juhe
- sol; okusiti

NAVODILA:

a) Čebulo in papriko dajte v instant lonec in kuhajte 2 minuti na funkciji Dušenje.
b) Pražite 1 minuto po mešanju česna in čilija v prahu.
c) Zavarujte pokrov in dodajte preostale sestavine.
d) Kuhajte 12 minut pri visokem tlaku s funkcijo ročne funkcije.
e) Postrezite z okrasom iz sesekljanega cilantra in naribanega sira Cheddar.

36. Fidžijski gorčični curry

SESTAVINE:

- ½ skodelice kečapa
- ½ žlice oljčnega olja
- 2 žlici melase
- 2 žlički gorčice v prahu
- ¼ čajne žličke mletega črnega popra
- 1 ½ rezine slanine, sesekljane
- ½ srednje sesekljane čebule
- ½ majhne zelene paprike, sesekljane
- 1 ½ pločevinke mornarskega fižola, oprane in odcejene
- 1 čajna žlička jabolčnega kisa
- 2 žlici sesekljanega cilantra

NAVODILA:

a) V Instant Loncu izberite način Dušenje in dodajte olje, čebulo, slanino in papriko 6 minut.
b) Zavarujte pokrov in dodajte preostale sestavine.
c) Kuhajte 8 minut pri visokem tlaku z uporabo ročne funkcije.
d) Po zvočnem signalu izvedite naravno sprostitev za 10 minut, nato pa hitro sprostitev, da iztisnete preostalo paro.
e) Potresemo s sesekljanim cilantrom.

37. fidžijski beli fižol in rižev kari

SESTAVINE:

- 1 lb belega fižola, namočenega in opranega
- ½ čajne žličke rdeče paprike
- ½ čajne žličke mlete kurkume
- 1 žlica čebule v prahu
- 2 žlički česna v prahu
- 1-2 žlički soli
- 1 lovorjev list
- 6 skodelic nesoljene zelenjavne juhe
- Kuhan beli riž za serviranje

NAVODILA:

a) V instant loncu zmešajte vse navedene sestavine razen belega riža.

b) Zavarujte pokrov tako, da ga pokrijete. Prepričajte se, da je ročaj za sprostitev tlaka v zaprtem položaju.

c) Po brenčanju izvedite 20-minutno naravno sproščanje.

d) Dobro premešamo in takoj postrežemo z vročim belim rižem.

38. Fidžijska rdeča kvinoja s krompirjem

SESTAVINE:

- 2 žlici olja
- 1 čajna žlička kuminovih semen
- 1 skodelica rdeče kvinoje, oprane in odcejene
- 10 curryjevih listov, narezanih
- 1 čajna žlička mletega vročega zelenega čilija
- 1 majhen rdeč krompir, narezan na ½-palčne kocke
- 1½ skodelice vode
- 1½ čajne žličke košer soli
- ½ skodelice nesoljenih arašidov
- Sok 1 limone
- ¼ skodelice sesekljanega svežega cilantra
- Limonina kumarica za serviranje
- Navadni jogurt za serviranje

NAVODILA:

a) V instant loncu segrejte olje na visoki nastavitvi za praženje.

b) Semena kumine kuhajte v vročem olju na dnu lonca, dokler ne zacvrčijo, približno 1 do 2 minuti.

c) Dodajte kvinojo, curryjeve liste in čili ter kuhajte 2 do 3 minute ali dokler kvinoja ni popečena.

d) V skledi za mešanje zmešajte krompir, vodo in sol.

e) Postrgajte po straneh lonca, da zagotovite, da je vsa kvinoja potopljena.

f) Izberite kuhanje pod pritiskom ali ročno in kuhajte 2 minuti pri visokem tlaku.

g) V majhni ponvi rahlo pražite arašide 2 do 3 minute, redno premešajte, in pustite, da se ohladijo.

h) Pustite, da se tlak spontano razblini; to naj bi trajalo približno 10 minut.

i) V lonec nalijemo limonin sok in vanj stresemo arašide.
j) Hičidi naložite v sklede, okrasite s cilantrom, kepico navadnega jogurta in limonino kislo kumarico ter postrezite.

1.

39. Rdeča leča s fidžijskim karijem

SESTAVINE:

- 2 žlici gheeja
- ½ čajne žličke semen kumine
- 1 majhna rumena čebula, drobno narezana
- 1 češpljev paradižnik, brez sredice in narezan na kocke
- 1 žlica mletega česna
- 1½ čajne žličke naribanega svežega ingverja
- 1 skodelica oprane leče
- 1 čajna žlička mletega koriandra
- ½ čajne žličke rdečega čilija v prahu
- ⅛ čajne žličke mlete kurkume
- 2 žlički košer soli
- 3 do 4 skodelice vode
- 1 jedilna žlica naribanega jaggerja
- ½ skodelice sesekljanega svežega cilantra

NAVODILA:

a) Predgrejte ghee v instant loncu na visoki nastavitvi za dušenje.

b) Semena kumine kuhajte v segretem gheeju na spodnjih robovih lonca približno 1 minuto ali dokler ne začnejo pokati.

c) Dodajte čebulo, paradižnik, česen in ingver ter kuhajte 2 minuti ali dokler se paradižnik ne zmehča.

d) V veliki skledi za mešanje zmešajte lečo, koriander, čili v prahu, kurkumo in sol; dodajte 3 skodelice vode in premešajte.

e) Izberite kuhanje pod pritiskom ali ročno in kuhajte 10 minut pri visokem tlaku.

f) Pustite 10 minut, da se pritisk naravno sprosti.

g) V lonec vstavite jaggery in preostalo 1 skodelico vode.

h) Poskusite in po potrebi začinite s soljo. Izberite možnost Dušenje in kuhajte 5 minut oziroma dokler leča rahlo ne zavre.

i) Pred serviranjem nalijte v sklede in potresite s cilantrom.

40. Fijian Black-eyed peas kari

SESTAVINE:

- 1 žlica nevtralnega rastlinskega olja
- 1 majhna rumena čebula, drobno narezana
- 1 žlica mletega česna
- 1½ čajne žličke naribanega svežega ingverja
- 1 skodelica posušenega črnookega graha, opranega
- 1 češpljev paradižnik, brez sredice in narezan na kocke
- 1½ čajne žličke košer soli
- 1 čajna žlička rdečega čilija v prahu
- 1 čajna žlička mletega koriandra
- ½ čajne žličke mlete kumine
- ¼ čajne žličke mlete kurkume
- 3 skodelice vode
- Kuhan riž

NAVODILA:

a) V instant loncu segrejte olje na visoki nastavitvi za praženje.

b) Dodajte čebulo, česen in ingver ter kuhajte 2 minuti ali dokler čebula ne postane prosojna.

c) Vmešajte črni grah, paradižnik, sol, čili v prahu, koriander, kumino in kurkumo, nato pa vodo.

d) Pečico segrejte na visoko temperaturo in curry pražite, dokler zmerno ne zavre, nato postrezite.

41. Fijian Curry iz čičerike

SESTAVINE:

- 1 skodelica posušene čičerike, oprane
- 3½ skodelice vode
- 2 žlici gheeja
- 1 čajna žlička kuminovih semen
- 1 rumena čebula, drobno narezana
- 1 čajna žlička naribanega svežega ingverja
- 1 čajna žlička mletega česna
- 1 žlica mletega koriandra
- 2 žlički košer soli
- 1 do 2 čajni žlički rdečega čilija v prahu
- ¼ čajne žličke mlete kurkume
- 2 češpljeva paradižnika, narezana na drobne kocke
- ¼ čajne žličke garam masale
- ½ skodelice sesekljanega svežega cilantra

NAVODILA:

a) Predgrejte ghee v instant loncu na visoki nastavitvi za dušenje.

b) Semena kumine kuhajte v vročem olju na spodnjih mejah lonca približno 1 minuto ali dokler ne začnejo pokati.

c) Dodamo čebulo in med občasnim mešanjem dušimo približno 5 minut ali dokler ne postane prozorna.

d) Dodajte ingver in česen ter kuhajte 1 minuto ali dokler ne zadiši.

e) Vanj stresite koriander, sol, čili v prahu, kurkumo in čičeriko, skupaj s 112 skodelicami vode in temeljito premešajte z leseno žlico ter postrgajte vse zapečene koščke z dna ponve.

f) Izberite Kuhanje pod pritiskom ali Ročno in nastavite časovnik na 35 minut pri visokem tlaku.

g) Pustite 10 do 20 minut, da pritisk naravno popusti.
h) V lonec vstavite paradižnik in garam masalo.
i) Izberite visoko stopnjo praženja in kuhajte 5 minut oziroma dokler se paradižniki ne zmehčajo.
j) Pred serviranjem nalijte v sklede in potresite s cilantrom.

42. Fijian kokosova mešana leča

SESTAVINE:

- ¼ skodelice grobo sesekljanega svežega cilantra
- ¼ skodelice vode
- 3 žlice naribanega kokosa
- 1 žlica mletega česna
- 1 čajna žlička na kocke narezanega vročega zelenega čilija
- 1 čajna žlička naribanega svežega ingverja
- 2 žlici gheeja
- ½ čajne žličke semen črne gorčice
- ¼ čajne žličke mlete kurkume
- ⅛ čajne žličke asafetide
- 1 skodelica izbrane narezane leče, oprane
- 2 žlički mletega koriandra
- ½ čajne žličke mlete kumine
- Košer sol
- 3 do 4 skodelice vode
- ½ skodelice sesekljanega svežega cilantra

NAVODILA:

a) Za pripravo začimbne paste dajte koriander, vodo, kokos, česen, čili in ingver v majhen kuhinjski robot in mešajte, dokler ne nastane gosta pasta.

b) Segrejte ghee v instant loncu z možnostjo močnega dušenja.

c) Gorčična semena stresite v vroče olje blizu spodnje meje lonca in jih pražite, dokler ne eksplodirajo.

d) Zmešajte kurkumo, asafetido in začimbno pasto ter dodajte.

e) V veliko skledo za mešanje dodajte lečo, koriander, kumino in 112 žlic soli; prelijemo z 2 skodelicama vode in z metlico premešamo.

f) Izberite kuhanje pod pritiskom ali ročno in kuhajte 10 minut pri visokem tlaku.

g) Izberite možnost Močno Dušenje in kuhajte 4 do 5 minut ali dokler dal zmerno ne zavre.

h) Daj hrano na mizo.

1.

43. Fidžijska paradižnikova in pesna juha s karijem

SESTAVINE:

- 4 slivovi paradižniki, brez sredice in na četrtine
- 2 korenčka, olupljena in narezana
- 1 pesa, olupljena in narezana na kocke
- ½ čajne žličke mlete kumine
- 2-palčna cimetova palčka
- 2 žlički karija v prahu r
- Košer sol
- 3 skodelice vode
- 2 žlici marante v prahu
- ½ čajne žličke sveže mletega črnega popra
- 2 skodelici krutonov

NAVODILA:

a) V instant loncu zmešajte paradižnik, korenje, peso, kumino, cimetovo palčko, curry v prahu, sol in vodo.
b) Kuhajte na visokem tlaku 10 minut.
c) Odstranite cimetovo palčko iz lonca in jo odstavite.
d) Juho pretlačite s potopnim mešalnikom, dokler ni popolnoma gladka.
e) Med nenehnim mešanjem počasi vlijemo mešanico prahu marante.
f) Dodajte poper in premešajte, da se združi, nato poskusite in po potrebi začinite s soljo.
g) Pečico segrejte na visoko in juho dušite, dokler rahlo ne zavre.
h) Prelijte s krutoni in takoj postrezite.

44. iz fidžijske buče in kokosa

SESTAVINE:

- 1½ funta olupljene in na kocke narezane buče
- ½ skodelice narezane rumene čebule
- 4 stroki česna, olupljeni
- 1 pločevinka kokosovega mleka z manj maščobe
- 1 skodelica zelenjavne juhe z nizko vsebnostjo natrija
- 1 žlica olivnega olja
- 1½ čajne žličke košer soli
- 1 čajna žlička garam masala
- 1 ščepec kajenskega popra

NAVODILA:

a) V instant loncu zmešajte bučo, čebulo, česen, kokosovo mleko, zelenjavno juho, olivno olje in sol ter premešajte, da se združijo.

b) Izberite Kuhanje pod pritiskom ali Ročno in nastavite časovnik na 8 minut pri visokem tlaku.

c) Premaknite sprostitev tlaka na Venting, da izvedete hitro sprostitev. Odprite lonec in juho pretlačite v pire s potopnim mešalnikom, dokler ni gladka.

d) Dodajte garam masalo in kajenski poper ter premešajte, da se združita.

e) Juho nadevajte v sklede, okrasite s ščepcem garam masale in kajenskega vina ter takoj postrezite.

45. Fidžijska juha iz cvetače s kurkumo

SESTAVINE:

- 1 žlica olivnega olja
- 1 rumena čebula, narezana na rezine
- 1 čajna žlička semen koromača
- 3 skodelice cvetov cvetače
- 2 slivova paradižnika, brez sredice in narezana na kocke
- 1 rdečerjav krompir, narezan na kocke
- 6 olupljenih strokov česna
- 1 čajna žlička naribanega svežega ingverja
- 3 skodelice vode, po potrebi še več
- 20 surovih indijskih oreščkov
- ¼ čajne žličke mlete kurkume
- 1 čajna žlička mletega koriandra
- 1 čajna žlička mlete kumine
- 1 čajna žlička košer soli
- ½ čajne žličke garam masale
- ¼ skodelice sesekljanega svežega cilantra
- ¼ čajne žličke kajenskega popra

NAVODILA:

a) V instant loncu segrejte oljčno olje z možnostjo Dušenje.

b) Dodajte čebulo in semena koromača ter kuhajte 1 minuto ali dokler ne zadiši.

c) V veliki posodi za mešanje zmešajte cvetačo, paradižnik, krompir, česen in ingver.

d) V veliko skledo za mešanje dodajte vodo, indijske oreščke, kurkumo, koriander, kumino in sol.

e) a) Izberite kuhanje pod pritiskom ali ročno in kuhajte 10 minut pri nizkem tlaku.

f) Juho mešajte, dokler ni gladka in kremasta, nato dodajte garam masalo.

g) Izberite možnost Dušenje in kuhajte 5 minut oziroma dokler juha rahlo ne zavre.

h) Juho nalijte v sklede, prelijte s koriandrom in ščepcem garam masale ter kajenskega popra in takoj postrezite.

46. Fidžijska začinjena jagnjetina

SESTAVINE:

- 2 žlici nevtralnega rastlinskega olja
- 2-palčna cimetova palčka
- 2 lista indijskega lovorja
- 20 zrn črnega popra
- 4 zeleni stroki kardamoma
- 1½ funta jagnječjega pleča brez kosti
- 2 rumeni čebuli, vsako narezano na 8 kosi
- 2 korenčka
- 2 velika rumena krompirja
- 3 posušeni rdeči čili
- 1 žlica košer soli
- 1 čajna žlička rdečega čilija v prahu
- ½ skodelice vode
- ¼ skodelice sesekljanega svežega cilantra

NAVODILA:

a) V instant loncu segrejte olje na visoki nastavitvi za praženje.

b) Pražite cimetovo palčko, lovorjev list, poprova zrna in kardamom 1 minuto ali dokler ne zadiši.

c) Dodajte koščke jagnjetine in pražite 2 do 3 minute, pri čemer vsak kos večkrat obrnite, dokler rahlo ne porjavi.

d) Vmešajte čebulo, korenje, krompir, čili, sol in čili v prahu, nato pa vodo.

e) a) Za način kuhanja izberite Meso/enolončnica in nastavite časovnik na 35 minut pri visokem tlaku.

f) Pustite 10 minut, da se pritisk naravno sprosti.

g) Izberite visoko nastavitev Dušenje in kuhajte približno 5 minut ali dokler se enolončnica ne začne gostiti.

h) Če želite izklopiti Instant Pot, pritisnite Prekliči. Ko se enolončnica ohladi, se bo še bolj zgostila.

i) Enolončnico razporedite po krožnikih, potresite s cilantrom in takoj postrezite.

47. Fidžijska juha iz rdeče leče

SESTAVINE:
- 1 rumena čebula, drobno narezana
- 1 korenček, olupljen in narezan
- 1 skodelica konzerviranega paradižnika, narezanega na kocke, s sokom
- 1 skodelica oprane leče
- 2 žlici mletega česna
- 1 čajna žlička rdečega čilija v prahu
- 1 čajna žlička mletega koriandra
- $\frac{1}{2}$ čajne žličke mlete kumine
- $\frac{1}{2}$ čajne žličke garam masale
- $\frac{1}{4}$ čajne žličke mlete kurkume
- 3 skodelice zelenjavne juhe z nizko vsebnostjo natrija
- 1 skodelica vode
- Košer sol
- 2 veliki pesti mlade špinače
- $\frac{1}{4}$ skodelice sesekljanega svežega cilantra
- 4 do 6 rezin limone

NAVODILA:
a) V Instant loncu zmešajte čebulo, korenje, paradižnik in njihov sok, dal iz leče , česen, čili v prahu, koriander, kumino, garam masalo in kurkumo.
b) Prilijemo zelenjavno juho in dobro premešamo.
c) Izberite Kuhanje pod pritiskom ali Ročno in nastavite časovnik na 8 minut pri visokem tlaku.
d) Pustite, da se pritisk naravno sprosti 10 minut.
e) Odstranite pokrov s ponve. S hrbtno stranjo žlice pretlačite lečo na visoki nastavitvi za praženje.
f) Prilijemo vodo, okusimo in po potrebi posolimo.

g) Dodamo špinačo in med občasnim mešanjem dušimo toliko časa, da juha rahlo zavre.

h) Položite v sklede, prelijte s cilantrom in takoj postrezite s stiskanjem limone.

48. kari s fidžijskim maslom

SESTAVINE:

- 2 žlici gheeja
- 1 velika rumena čebula, na drobno narezana
- 2 funta brez kosti piščančja bedra
- 1 skodelica konzervirane paradižnikove mezge
- ½ skodelice vode
- 1 žlica naribanega svežega ingverja
- 1 žlica mletega česna
- 2 žlički rdečega čilija v prahu
- 2 žlički košer soli
- 1 čajna žlička garam masala
- ½ čajne žličke mlete kurkume
- ½ skodelice kokosove smetane v pločevinkah
- 2 žlici paradižnikove paste
- 2 žlici posušenih listov piskavice
- 2 žlički sladkorja
- ½ skodelice sesekljanega svežega cilantra
- 2 skodelici kuhanega basmati riža

NAVODILA:

a) Predgrejte ghee v instant loncu na visoki nastavitvi za dušenje.
b) Dodamo čebulo in dušimo 4 do 5 minut ali dokler ne postane prozorna.
c) V veliko skledo za mešanje dodajte piščanca, paradižnikovo mezgo, vodo, ingver, česen, čili v prahu, sol, garam masalo in kurkumo.
d) V veliko posodo za mešanje dodajte kokosovo smetano, paradižnikovo pasto, triplat in sladkor.
e) Z visoko nastavitvijo Dušenje kuhajte približno 2 minuti ali dokler curry ne zavre in se temeljito segreje.

f) Riž naložimo na krožnike in prelijemo s karijem.
g) Pred serviranjem okrasite s cilantrom.

49. Fijian Mlet piščančji čili

SESTAVINE:

- 2 žlici nevtralnega rastlinskega olja
- 1 čajna žlička kuminovih semen
- 1 velika rumena čebula, na drobno narezana
- 1 funt mletega piščanca
- 1 žlica naribanega svežega ingverja
- 1 žlica mletega česna
- 2 žlički rdečega čilija v prahu
- 1½ čajne žličke košer soli
- ½ čajne žličke mlete kurkume
- 2 slivova paradižnika, brez sredice in na drobne kocke
- 1 rumen krompir
- ¼ skodelice vode
- 2 žlici mletega koriandra
- 1 čajna žlička garam masala
- ½ skodelice sesekljanega svežega cilantra

NAVODILA:

a) V Instant loncu predhodno segrejte olje z možnostjo Dušenje.

b) Dodajte semena kumine in segrevajte 1 minuto ali dokler ne začnejo pokati.

c) Dodajte čebulo in kuhajte 4 do 5 minut ali dokler ni mehka in prozorna.

d) Skuhajte, piščanca razdrobite z ingverjem, česnom, čilijem v prahu, soljo in kurkumo.

e) Z leseno žlico stresite paradižnike, krompir in vodo ter postrgajte vse porjavele koščke z dna lonca.

f) Mešanici dodajte koriander in garam masalo.

g) Izberite kuhanje pod pritiskom ali ročno in kuhajte 4 minute pri visokem tlaku.

h) Pustite, da se pritisk naravno sprosti 10 minut.
i) Dodajte koriander in postrezite.

50. Fijian piščanec in špinačni curry

SESTAVINE:
- 2 žlici nevtralnega rastlinskega olja
- ½ čajne žličke semen kumine
- 4 nageljnove žbice
- 10 zrn črnega popra
- 1 rumena čebula, drobno narezana
- 1 do 2 žlički mletega vročega zelenega čilija
- 2 žlički naribanega svežega ingverja
- 2 žlički mletega česna
- 1½ funta piščančjih prsi ali stegen
- ½ skodelice konzervirane paradižnikove mezge
- 2 žlici vode
- 1½ čajne žličke košer soli
- ¼ čajne žličke mlete kurkume
- ½ čajne žličke garam masale
- 2 skodelici kuhanega riža

NAVODILA:
a) Predgrejte olje na visoki nastavitvi za praženje.
b) Kuhajte 30 sekund ali dokler se semena kumine, nageljnove žbice in poprova zrna ne prepražijo.
c) Vmešajte čebulo in čili ter kuhajte, dokler čebula ne postane prozorna, približno 5 minut.
d) Dodajte ingver in česen, premešajte, da se prepojita, in kuhajte 1 minuto ali dokler ne zadiši.
e) V veliki skledi za mešanje zmešajte piščanca, paradižnikovo mezgo, vodo, sol, kurkumo in garam masalo ter dobro premešajte z leseno žlico, da odstranite vse porjavele koščke z dna lonca.
f) Izberite možnost močnega praženja. Dodamo špinačo in dobro premešamo.

g) Riž naložimo na krožnike in prelijemo s karijem.
h) Postrezite takoj.
1.

51. Fijian Curried kokosova kozica

SESTAVINE:

- 1 pločevinka kokosovega mleka
- 1 žlica kokosovega olja
- 1 rumena čebula, na tanko narezana
- 6 nageljnovih žbic
- 4 zeleni stroki kardamoma
- 2-palčna cimetova palčka
- 4 majhni pekoči zeleni čili, prepolovljeni
- 15 curryjevih listov
- 2 žlički naribanega svežega ingverja
- 2 žlički mletega česna
- 2 slivova paradižnika, narezana na rezine
- ½ čajne žličke mlete kurkume
- 1½ funta velike kozice z repom
- 1 čajna žlička košer soli
- ¼ skodelice sesekljanega svežega cilantra
- Dušen riž za serviranje

NAVODILA:

a) Segrejte kokosovo olje v instant loncu na visoki nastavitvi za praženje.

b) Pražite čebulo, nageljnove žbice, kardamom in cimetovo palčko, dokler se čebula ne zmehča in postane prosojna, približno 5 minut.

c) Dodajte čili, curryjeve liste, ingver in česen ter kuhajte 1 minuto ali dokler ne zadiši.

d) V veliko posodo za mešanje dodajte paradižnik, kurkumo in kozice. Še enkrat vmešamo kokosovo vodo in sol.

e) Izberite kuhanje pod pritiskom ali ročno in kuhajte 2 minuti pri nizkem tlaku.

f) Odstranite pokrov iz lonca, vmešajte kokosovo smetano in prelijte koriander.

g) Kozico postrezite s poparjenim rižem v servirni skledi.

52. Fijian Lamb vindaloo Fusion

SESTAVINE:
- ¼ skodelice belega vinskega kisa
- 4 žlice mešanice začimb jagnjetine Vindaloo
- 2 žlici mletega česna
- 1 žlica naribanega svežega ingverja
- 3 čajne žličke košer soli
- 2 funta jagnječjega pleča brez kosti
- ¼ skodelice gheeja
- 1 čajna žlička črnih gorčičnih semen
- 1 velika rumena čebula, na drobno narezana
- ½ skodelice vode
- 1 velik rumen krompir, olupljen
- 2 žlici rdečega čilija v prahu
- 1 žlica rjavega sladkorja
- 1 žlica tamarindove koncentratne paste
- ⅛ čajne žličke mlete kurkume
- kajenski poper
- ½ skodelice sesekljanega svežega cilantra
- Dušen riž za serviranje
- 8 parat za serviranje

NAVODILA:
a) V posodi za mešanje zmešajte kis, mešanico začimb, česen, ingver in 2 žlici soli.

b) Vmešajte jagnjetino in jo obrnite, da se enakomerno prekrije.

c) Segrejte ghee v instant loncu z možnostjo močnega dušenja.

d) Dodajte gorčična semena v vroč ghee na dnu lonca in kuhajte 2 do 3 minute ali dokler ne začnejo pokati.

e) Dodajte čebulo in preostalo 1 čajno žličko soli ter kuhajte 5 minut ali dokler čebula ne postane prozorna. Marinirano jagnjetino premešamo, da se vse dobro poveže.

f) Dodajte vodo in temeljito premešajte z leseno kuhalnico.

g) Na jagnjetino razporedimo kocke krompirja; ne kombinirajte.

h) Izberite kuhanje pod pritiskom ali ročno in kuhajte 20 minut pri visokem tlaku.

i) Pustite 15 minut, da se pritisk naravno sprosti.

j) V veliki skledi za mešanje zmešajte čili v prahu, rjavi sladkor, tamarindovo pasto, kurkumo in kajenski poper.

k) Izberite visoko nastavitev za dušenje in kuhajte 1 minuto, da se začimbe povežejo.

l) Curry razporedite po krožnikih in prelijte s cilantrom.

53. Fijian kokosov goveji curry

SESTAVINE:
- 1 ½ lbs. govedina, narežemo na krhlje
- ½ skodelice narezane bazilike
- 2 žlici rjavega sladkorja
- 2 žlici ribje omake
- ¼ skodelice piščančje juhe
- ¾ skodelice kokosovega mleka
- 2 žlici curry paste
- 1 čebula, narezana
- 1 paprika, narezana na rezine
- 1 sladki krompir

NAVODILA:
a) V instant loncu združite vse sestavine razen bazilike in dobro premešajte.
b) Kuhajte na visoki temperaturi 15 minut, potem ko lonec zaprete s pokrovom.
c) Pustite, da pritisk naravno popusti, preden odprete pokrov.
d) Dodamo baziliko in dobro premešamo.
e) Postrezite.

PRILOGE IN SOLATE

54. Roti (fidžijski somun)

SESTAVINE:

- 2 skodelici večnamenske moke
- 1/2 žličke soli
- voda

NAVODILA:

a) V skledi zmešajte moko in sol.
b) Postopoma dodajamo vodo in gnetemo, dokler ne nastane mehko, nelepljivo testo.
c) Testo razdelite na dele v velikosti golf žogice in jih razvaljajte v tanke kroge.
d) Na srednje močnem ognju segrejte rešetko ali ponev.
e) Pečemo roti na vroči rešetki približno 1-2 minuti na vsaki strani ali dokler se ne napihnejo in ne naredijo rjavih madežev.
f) Postrezite s čatnijem ali karijem po izbiri.

55. Fidžijski parjeni kokos in kasava

SESTAVINE:
- 1 lb kasave, olupljene in narezane na koščke
- 1 skodelica kokosovega mleka
- 1/4 skodelice vode
- 1 žlica sladkorja (neobvezno, prilagodite okusu)
- Ščepec soli

NAVODILA:
a) V velik lonec ali soparnik dodajte koščke kasave in jih kuhajte na sopari na zmernem ognju približno 15-20 minut ali dokler ne postanejo mehki in kuhani.
b) V ločeni kozici zmešajte kokosovo mleko, vodo, sladkor (če ga uporabljate) in ščepec soli.
c) Mešanico kokosovega mleka segrevajte na majhnem ognju, dokler se ne segreje, vendar ne zavre.
d) Odstranite dušeno kasavo iz lonca ali soparnika in jo preložite v servirno posodo.
e) Mešanico toplega kokosovega mleka prelijte čez parjeno kasavo.
f) Postrezite fidžijski parjeni kokos in kasavo kot čudovito in prijetno prilogo.

56. Fidžijski kuhani listi taroja in kokosova krema

SESTAVINE:

- 1 šopek svežih tarovih listov, opranih in nasekljanih
- 1 pločevinka (400 ml) kokosove smetane
- 1 čebula, drobno sesekljana
- 2 stroka česna, nasekljana
- 1-2 rdeči čili papriki, brez semen in nasekljani (neobvezno)
- Sol in poper po okusu

NAVODILA:

a) V večjem loncu zavremo vodo in dodamo sesekljane liste taroka.

b) Liste kuhajte približno 15-20 minut ali dokler se ne zmehčajo.

c) Vodo odlijemo in kuhane liste odstavimo.

d) V istem loncu na zmernem ognju segrejemo malo olja in na njem pražimo sesekljano čebulo, česen in čili papriko, da čebula postekleni in zadiši.

e) V lonec dodamo kuhane taroke liste in dobro premešamo s prepraženimi sestavinami.

f) Prilijemo kokosovo smetano in premešamo, da se poveže.

g) Začinite s soljo in poprom po okusu ter pustite, da zmes na majhnem ognju vre 5-10 minut.

h) Postrezite vroče kot tradicionalno fidžijsko prilogo k rižu ali drugim glavnim jedem.

57. Fijian Seagrape

SESTAVINE:

- Sveže morsko grozdje
- Rezine limete ali limone za serviranje

NAVODILA:

a) Sveže morsko grozdje sperite pod hladno tekočo vodo, da odstranite pesek ali ostanke.

b) Morsko grozdje posušite s čisto kuhinjsko ali papirnato brisačo.

c) Fijian Seagrapes postrezite kot osvežilen in hranljiv prigrizek ali prilogo, skupaj z rezinami limete ali limone za dodaten okus.

58. Fidžijski pečeni jajčevci z zelišči

SESTAVINE:

- 2 velika jajčevca
- 2 žlici rastlinskega olja
- 2 stroka česna, nasekljana
- 1 žlica sesekljanih listov svežega timijana
- 1 žlica sesekljanih svežih listov rožmarina
- Sol in poper po okusu
- Limonine rezine, za serviranje

NAVODILA:

a) Pečico segrejte na 400 °F (200 °C).
b) Jajčevce po dolžini prerežite na pol in meso križno zarežite z nožem.
c) Polovice jajčevcev položite na pekač, z mesom navzgor.
d) V majhni skledi zmešajte rastlinsko olje, sesekljan česen, sesekljan svež timijan in sesekljan svež rožmarin.
e) Z mešanico olja in zelišč s čopičem premažite meso polovic jajčevca.
f) Jajčevce po okusu začinimo s soljo in poprom.
g) Jajčevce pečemo v ogreti pečici približno 25-30 minut oziroma dokler meso ne postane mehko in zlato rjavo.
h) Pečene jajčevce vzamemo iz pečice in pustimo, da se nekoliko ohladijo.
i) Postrezite fidžijske pečene jajčevce z zelišči z rezinami limone ob strani, da jih stisnete čez jajčevce.

59. Fidžijska surova ribja solata (Kokoda)

SESTAVINE:

- 1 lb čvrstih filejev bele ribe, narezanih na kocke (kot je snapper ali mahi-mahi)
- 1 skodelica kokosove smetane
- 1/4 skodelice sveže iztisnjenega limetinega soka
- 1 kumara, olupljena in narezana na kocke
- 1 paradižnik, narezan na kocke
- 1 majhna čebula, drobno sesekljana
- 1 majhna rdeča čili paprika, drobno sesekljana (neobvezno, za dodatno toploto)
- Sol in poper po okusu
- Sesekljan svež cilantro, za okras
- Kuhan beli riž ali taro čips, za serviranje

NAVODILA:

a) V posodi za mešanje zmešajte na kocke narezano ribo, kokosovo smetano in sveže iztisnjen limetin sok. Prepričajte se, da so ribe v celoti prekrite z mešanico.

b) Skledo pokrijte s plastično folijo in postavite v hladilnik za približno 2 uri oziroma dokler se riba ne "skuha" v soku citrusov. Kislina v limetinem soku bo ribo nežno "skuhala" in ji dala teksturo, podobno cevicheju.

c) Ko so ribe marinirane, iz posode odlijemo odvečno tekočino.

d) Mariniranim ribi dodajte na kocke narezano kumaro, paradižnik, drobno sesekljano čebulo in rdečo papriko (če jo uporabljate). Vse skupaj nežno premešamo.

e) Fijijsko surovo ribjo solato (Kokoda) začinite s soljo in poprom po okusu.

f) Pred serviranjem okrasite s sesekljanim svežim cilantrom.

g) Fijijsko solato s surovo ribo postrezite s kuhanim belim rižem ali taro čipsom za čudovito in osvežilno morsko jed.

60. Fidžijski kokosov roti

SESTAVINE:

- 2 skodelici večnamenske moke
- 1 skodelica posušenega kokosa (nesladkanega)
- 2 žlici sladkorja
- 1/2 čajne žličke soli
- 2 žlici masla, stopljeno
- 1 skodelica tople vode (približno)

Navodila:

a) V skledi za mešanje zmešajte večnamensko moko, posušen kokos, sladkor in sol.

b) Suhim sestavinam postopoma dodajamo stopljeno maslo in dobro premešamo. Zmes mora biti podobna grobim drobtinam.

c) Počasi dodajajte toplo vodo, po malem in gnetite testo, dokler se ne združi. Morda boste potrebovali malo več ali manj kot skodelico vode, zato jo dodajajte postopoma. Testo mora biti mehko in voljno.

d) Testo razdelite na enako velike dele in jih razvaljajte v kroglice.

e) Na zmernem ognju segrejte rešetko ali ponev proti prijemanju.

f) Vzemite eno od kroglic testa in jo položite na čisto, pomokano površino. Z valjarjem ga razvaljajte v tanek okrogel roti. Lahko jih naredite tako tanke ali debele, kot želite.

g) Zvite rote previdno preložimo na vročo rešetko ali ponev. Pecite ga približno 1-2 minuti na vsaki strani ali dokler se rahlo ne napihne in ima zlato rjave lise. Če želite, lahko na vsaki strani premažete malo masla.

h) Ponovite postopek valjanja in kuhanja za preostale kroglice testa.

i) Fijian Coconut Roti postrezite vroče, samostojno ali s svojim najljubšim karijem, čatnijem ali pomako.

61. Fidžijska solata iz zelene papaje

SESTAVINE:

- 1 zelena papaja, olupljena in narezana
- 1 korenček, olupljen in narezan
- 1/4 skodelice naribanega kokosa
- 1/4 skodelice arašidov, praženih in zdrobljenih
- 2-3 stroki česna, sesekljani
- 1-2 rdeči čili papriki, drobno sesekljani (začimbe prilagodite svojim željam)
- Sok 2 limet
- Sol in sladkor po okusu

NAVODILA:

a) V veliki skledi zmešajte narezano papajo, korenček, kokos in arašide.
b) V ločeni posodi zmešajte sesekljan česen, sesekljano čili papriko, limetin sok, sol in sladkor.
c) Preliv prelijemo čez solato in dobro premešamo.
d) Pustite, da se solata marinira približno 15-20 minut, preden jo postrežete.

62. Fidžijska solata z ananasom in kumarami

SESTAVINE:
- 1 skodelica svežih koščkov ananasa
- 1 kumara, narezana na rezine
- 1/4 rdeče čebule, narezane na tanke rezine
- Sveži listi cilantra
- Sok 1 limete
- Sol in poper po okusu

NAVODILA:
a) V solatni skledi zmešajte koščke svežega ananasa, rezine kumare in na tanke rezine narezano rdečo čebulo.
b) Solato pokapamo z limetinim sokom in jo začinimo s soljo in poprom.
c) Sestavine premešajte in okrasite s svežimi listi cilantra.

63. fidžijski kremni taro (taro v kokosovi kremi)

SESTAVINE:
- 2 skodelici taroja, olupljenega in narezanega na kocke
- 1 skodelica kokosove smetane
- 1/4 skodelice vode
- 2-3 stroki česna, sesekljani
- Sol in poper po okusu

NAVODILA:

a) V kozici zmešajte taro, kokosovo smetano, vodo in sesekljan česen.
b) Začinimo s soljo in poprom.
c) Na majhnem ognju med občasnim mešanjem dušimo toliko časa, da se taro zmehča in kokosova krema zgosti.
d) Postrezite ta kremni fidžijski taro kot prilogo, pogosto v kombinaciji z ribami ali mesom na žaru.

ZAČIMBE

64. fidžijski pikantni čatni s tamarindo

SESTAVINE:
- 1 skodelica tamarindove kaše
- 1/2 skodelice rjavega sladkorja
- 1/4 skodelice vode
- 2-3 stroki česna, sesekljani
- 1-2 rdeči čili papriki, drobno sesekljani (začimbe prilagodite svojim željam)
- Sol po okusu

NAVODILA:
a) V ponvi zmešajte pulpo tamarinde, rjavi sladkor, vodo, sesekljan česen in sesekljano čili papriko.
b) Na majhnem ognju ob stalnem mešanju kuhamo toliko časa, da se zmes zgosti in sladkor raztopi.
c) Po okusu začinimo s soljo.
d) Pustite, da se čatni ohladi, nato pa ga postrezite kot začinjeno fidžijsko predjed. Odlično se poda k ocvrtim ali pečenim prigrizkom.

65. Ingver-česnova pasta

SESTAVINE:
- 1 (4-palčni [10 cm]) kos ingverjeve korenine, olupljen in narezan
- 12 strokov česna, olupljenih in narezanih
- 1 žlica vode

NAVODILA:

a) Vse sestavine obdelajte v kuhinjskem robotu, dokler ne dobite pasti podobne konsistence.

66. Fidžijska omaka s pekočo papriko (Buka, Buka)

SESTAVINE:
- 10-12 rdečih čili paprik (število prilagodite želeni toploti)
- 2 stroka česna, nasekljana
- 1/4 skodelice kisa
- Sol po okusu

NAVODILA:
a) Čilijevi papriki odstranimo peclje in jo grobo sesekljamo.
b) V mešalniku ali kuhinjskem robotu zmešajte čili papriko, sesekljan česen, kis in ščepec soli.
c) Mešajte, dokler ne dobite gladke omake.
d) Omako s pekočimi paprikami shranite v steklenico ali kozarec in z njo dodajte nekaj ognjene toplote svojim fidžijskim jedem.

67. Fijian Tamarind Dip

SESTAVINE:

- 1/2 skodelice tamarindove kaše
- 1/4 skodelice vode
- 2 žlici sladkorja
- 1/2 žličke kumine v prahu
- 1/2 žličke rdečega čilija v prahu (prilagodite svojim željam po začimbah)
- Sol po okusu

NAVODILA:

a) V majhni ponvi zmešajte pulpo tamarinde in vodo. Na majhnem ognju ga segrevamo in mešamo toliko časa, da se tamarinda zmehča.

b) Odstranite z ognja in mešanico tamarinde precedite v skledo, da odstranite vsa semena in vlakna.

c) Koncentratu tamarinde dodajte sladkor, kumino v prahu, rdeči čili v prahu in sol. Dobro premešaj.

d) Pred serviranjem počakajte, da se pomak iz tamarinde ohladi. Je pikantna in pikantna začimba, popolna za kombiniranje s prigrizki ali glavnimi jedmi.

68. Fidžijski kokosov sambal

SESTAVINE:

- 1 skodelica sveže naribanega kokosa
- 1/2 skodelice narezane rdeče čebule
- 1-2 rdeči čili papriki, drobno sesekljani (začimbe prilagodite svojim željam)
- 2 stroka česna, nasekljana
- Sok 1 limete
- Sol po okusu

NAVODILA:

a) V skledi zmešajte sveže nariban kokos, na kocke narezano rdečo čebulo, sesekljano rdečo papriko in sesekljan česen.

b) Čez mešanico iztisnite limetin sok in začinite s soljo.

c) Vse skupaj premešamo in pustimo stati nekaj minut, da se okusi prepojijo.

d) Kokosov sambal postrezite kot osvežilno začimbo k različnim fidžijskim jedem.

69. Fidžijska omaka iz listov Taro (Rourou Vakasoso)

SESTAVINE:

- 1 šopek tarovih listov, opranih in narezanih
- 1/2 čebule, drobno sesekljane
- 2 stroka česna, nasekljana
- 1/2 skodelice kokosove smetane
- Sol in poper po okusu

NAVODILA:

a) V ponvi prepražimo na drobno sesekljano čebulo in sesekljan česen, da zadišita.

b) Dodamo sesekljane liste taroka in pražimo nekaj minut, da ovenijo.

c) Vmešajte kokosovo smetano, sol in poper. Kuhajte, dokler se omaka ne zgosti in listi taroja niso mehki.

d) Omako iz listov taro postrezite kot tradicionalno fidžijsko začimbo poleg riža ali korenaste zelenjave.

70. Fidžijski vložen mango (Toroi)

SESTAVINE:
- 2 zelena (nezrela) manga, olupljena in narezana na kocke
- 1/2 rdeče čebule, drobno sesekljane
- 1-2 rdeči čili papriki, drobno sesekljani (začimbe prilagodite svojim željam)
- Sok 1 limete
- Sol po okusu

NAVODILA:
a) V skledi zmešajte na kocke narezan zeleni mango, drobno sesekljano rdečo čebulo in rdečo čili papriko.
b) Čez mešanico iztisnite limetin sok in začinite s soljo.
c) Vse skupaj premešamo in pustimo marinirati vsaj 30 minut.
d) Postrezite vložen mango, znan kot Toroi, kot pikantno in pikantno začimbo.

71. Fijian Chili Mango Chutney

SESTAVINE:

- 2 zrela manga, olupljena, brez koščic in narezana na kocke
- 1/2 skodelice sladkorja
- 1/4 skodelice kisa
- 2-3 rdeče čili paprike, drobno sesekljane (začimbe prilagodite svojim željam)
- 1/2 žličke naribanega ingverja
- 1/2 žličke mletih nageljnovih žbic
- Sol po okusu

NAVODILA:

a) V ponvi zmešajte mango, sladkor, kis, rdečo papriko, ingver, mlete nageljnove žbice in ščepec soli.

b) Na majhnem ognju med občasnim mešanjem kuhamo toliko časa, da se zmes zgosti in mango zmehča.

c) Pustite, da se čatni ohladi in ga nato shranite v kozarec. Ta začinjen mangov čatni je kot nalašč za dodajanje sladke in pikantne pike vašim obrokom.

72. fidžijski cilantro in limetin čatni

SESTAVINE:
- 1 skodelica svežih listov cilantra, stebla so odstranjena
- Sok 2 limet
- 2 stroka česna, nasekljana
- 1-2 zeleni čili papriki, drobno sesekljani
- 1/2 žličke kumine v prahu
- Sol po okusu

NAVODILA:

a) V kuhinjskem robotu zmešajte koriander, limetin sok, sesekljan česen, sesekljano zeleno čili papriko, kumino v prahu in sol.

b) Mešajte, dokler ne dobite gladkega čatnija s svetlim, pikantnim okusom.

c) Ta čatni s koriandrom in limeto postrezite kot pikantno začimbo k jedem na žaru ali ocvrtim jedem.

73. Fidžijska ananasova salsa

SESTAVINE:
- 1 skodelica svežega ananasa, narezanega na kocke
- 1/2 rdeče čebule, drobno sesekljane
- 1 rdeča paprika, drobno sesekljana
- 1-2 rdeči čili papriki, drobno sesekljani (začimbe prilagodite svojim željam)
- Sok 1 limete
- Listi sveže mete, sesekljani
- Sol in poper po okusu

NAVODILA:
a) V skledi zmešajte na kocke narezan ananas, drobno sesekljano rdečo čebulo, rdečo papriko, rdečo čili papriko in sesekljane liste sveže mete.
b) Mešanico iztisnite limetin sok in začinite s soljo in poprom.
c) Vse skupaj premešamo in pustimo stati nekaj minut, da se okusi prepojijo.
d) To osvežilno ananasovo salso postrezite kot začimbo k mesu na žaru ali morskim sadežem.

SLADICA

74. fidžijska bananina torta

SESTAVINE:

- 2 zmečkani zreli banani
- 1 1/2 skodelice samonaraščajoče ali navadne moke
- 1 skodelica sladkorja
- 3 jajca
- 4 žlice masla, stopljenega
- 1 čajna žlička sode bikarbone
- 1/2 skodelice mleka
- 1 čajna žlička pecilnega praška (uporabite le, če uporabljate navadno moko)
- 1 čajna žlička vanilijevega ekstrakta
- 1 čajna žlička muškatnega oreščka v prahu
- 1 čajna žlička cimeta v prahu
- 1 pomaščen okrogel pekač za torte

NAVODILA:

a) Pečico segrejte na 350 stopinj F (175 stopinj C).
b) V veliko skledo dodamo pretlačene zrele banane, jajca, sladkor in stopljeno maslo. Nežno mešajte, dokler ni puhasto.
c) Dodajte pecilni prašek (če uporabljate navadno moko), vanilijev ekstrakt, muškatni oreščk v prahu in cimet v prahu. Vse skupaj premešamo.
d) Postopoma dodajamo moko in dobro premešamo, da v zmesi ni grudic.
e) Ko je zmes dobro zmešana, jo odstavimo in namastimo model za torte z nekaj stopljenega masla.
f) Zmes za torto vlijemo v pomaščen model.
g) Pecite 35-45 minut oziroma dokler zobotrebec, ki ga zapičite v sredino torte, ne izstopi čist in torta ni zlato rjava.

h) Torto vzamemo iz pečice in pustimo, da se ohladi na rešetki.
i) Ko je fidžijska bananina torta ohlajena, jo narežite in postrezite kot okusno sladico. Uživajte!

75. fidžijska kasava torta

SESTAVINE:
- 2 lbs kasave, olupljene in naribane
- 1 pločevinka (400 ml) kokosovega mleka
- 1 skodelica granuliranega sladkorja
- 1/2 skodelice kondenziranega mleka
- 1/2 skodelice evaporiranega mleka
- 1/4 skodelice masla, stopljenega
- 1 čajna žlička vanilijevega ekstrakta
- nariban kokos (po želji, za preliv)

NAVODILA:
a) Pečico segrejte na 350 °F (175 °C). Pekač ali pekač namastimo.

b) V veliki skledi zmešajte naribano kasavo, kokosovo mleko, granulirani sladkor, kondenzirano mleko, evaporirano mleko, stopljeno maslo in ekstrakt vanilije. Dobro premešajte, dokler ni vse enakomerno povezano.

c) Zmes kasave vlijemo v pomaščen pekač in jo enakomerno razporedimo.

d) Čez zmes po želji potresemo nariban kokos.

e) Pečemo v predhodno ogreti pečici približno 45-50 minut oziroma dokler ni vrh zlato rjave barve in sredica strjena.

f) Pustite, da se kasava torta ohladi, preden jo narežete in postrežete.

76. Fidžijska Raita

SESTAVINE:

- 1 skodelica navadnega jogurta
- 1 kumara, olupljena, brez semen in naribana
- 1 žlica sesekljanih listov sveže mete
- 1 žlica sesekljanega svežega cilantra
- 1/2 čajne žličke mlete kumine
- 1/2 čajne žličke mletega koriandra
- Sol in poper po okusu

NAVODILA:

a) V skledi za mešanje zmešajte navadni jogurt, naribano kumaro, sesekljane liste sveže mete, sesekljan svež koriander, mleto kumino, mleti koriander, sol in poper.

b) Vse skupaj dobro premešajte.

c) Pokrijte skledo in pustite raito v hladilniku vsaj 30 minut, da se okusi prepojijo.

d) Pred serviranjem fidžijsko raito še dokončno premešajte in začinite. Po potrebi prilagodite z več soli ali popra.

e) Fidžijsko raito postrezite kot osvežilno prilogo ali prilogo kariju ali mesu na žaru.

77. Fidžijski trpotci, kuhani v kokosu

SESTAVINE:

- 4 zrele trpotce, olupljene in narezane
- 1 skodelica kokosovega mleka
- 2 žlici granuliranega sladkorja (neobvezno, prilagodite okusu)
- Ščepec soli
- 1 žlica rastlinskega olja
- Nastrgan kokos (neobvezno, za okras)

NAVODILA:

a) V veliki ponvi na srednjem ognju segrejte rastlinsko olje.

b) V ponev dodamo narezane trpotce in jih pražimo nekaj minut na vsaki strani, da rahlo porjavijo in karamelizirajo.

c) Prilijemo kokosovo mleko in dodamo kristalni sladkor (če ga uporabljamo) in ščepec soli.

d) Pustimo, da se trpotci kuhajo v kokosovem mleku približno 5-10 minut oziroma dokler ne postanejo mehki in nežni.

e) Neobvezno: okrasite z naribanim kokosom za dodatno teksturo in okus kokosa.

f) Postrezite fidžijske trpotce, kuhane v kokosu, kot okusno prilogo ali sladico.

78. fidžijska ananasova pita

SESTAVINE:
- 1 skorja za pito (prednarejena ali doma narejena)
- 1 skodelica svežega ananasa, narezanega
- 1/2 skodelice sladkorja
- 2 žlici večnamenske moke
- 2 jajci, pretepeni
- 1/4 skodelice masla, stopljenega
- 1/2 žličke vanilijevega ekstrakta

NAVODILA:
a) Pečico segrejte na 350 °F (180 °C).
b) Skorjo za pito položite v pekač za pito.
c) V skledi zmešajte sesekljan ananas, sladkor, moko, stepena jajca, stopljeno maslo in vanilijev ekstrakt.
d) Dobro premešamo in zmes vlijemo v skorjo za pito.
e) Pečemo približno 30-40 minut oziroma dokler se pita ne strdi in vrh zlato porumeni.
f) Pustite, da se ohladi, preden postrežete to čudovito fidžijsko ananasovo pito.

79. Kremna pita s fidžijskim dodatkom

SESTAVINE:
- 125 g zmehčanega masla
- 1 ½ skodelice samonaraščajoče moke
- 2 jajci
- ½ čajne žličke vanilije
- 1 skodelica sladkorja
- Krema v prahu
- 2 skodelici mleka
- Rumena živilska barva (neobvezno)

PRELIVI (NEOBVEZNO)
- Kondenzirano mleko / stepena smetana
- Zdrobljeni arašidi
- Narezano sadje

NAVODILA:
a) Stepite ½ skodelice sladkorja in masla, dodajte jajca in vanilijo ter premešajte
b) Nato dodamo moko in nežno zgnetemo testo
c) Manjši pekač, alu ali pekač namastimo z maslom in testo razporedimo po pekaču. Testo razvaljamo ob straneh in enakomerno porazdelimo
d) Na pecivo naredite majhne luknjice z vilicami in pecite do zlate barve in zapečite v pečici pri 180-200 stopinjah (naj traja približno 20-25 minut)
e) Medtem ko se pecivo peče, pripravite kremni nadev po navodilih na embalaži, da naredite vsaj 2 skodelici kreme z mlekom in preostalim sladkorjem – po želji dodajte rumeno jedilno barvilo in pustite, da se ohladi.
f) Ko je pecivo pečeno, ga ohladite in nanj prelijte kremo

g) Na vrh potresemo stepeno smetano, kondenzirano mleko, arašide ali narezano sadje (zraven se odlično podajo breskve ali mango)

h) Hladimo čez noč in postrežemo ohlajeno.

80. Fidžijski bananin tapiokin puding

SESTAVINE:

- 1/2 skodelice majhne biserne tapioke
- 3 skodelice kokosovega mleka
- 1/2 skodelice sladkorja
- 4 zrele banane, pretlačene
- 1/2 žličke vanilijevega ekstrakta
- Ščepec soli

NAVODILA:

a) Tapioko namočite v vodi približno 30 minut, nato jo odcedite.

b) V ponvi zmešajte odcejeno tapioko, kokosovo mleko, sladkor in ščepec soli.

c) Na šibkem ognju ob pogostem mešanju kuhamo toliko časa, da se zmes zgosti.

d) Odstavite z ognja in vmešajte pretlačene banane in vanilijev ekstrakt.

e) Pred serviranjem puding pustimo, da se ohladi. Uživamo ga lahko toplega ali ohlajenega.

81. Fidžijski ananas in kokosova malenkost

SESTAVINE:
- 1 velik biskvit ali pecivo, narezano na kocke
- 1 skodelica svežega ananasa, narezanega na kocke
- 1 skodelica kokosove smetane
- 1 skodelica težke smetane, stepene
- 1/2 skodelice sladkorja
- 1/2 skodelice praženih kokosovih kosmičev
- Listi sveže mete za okras

NAVODILA:
a) V krožnik za malenkosti ali stekleno servirno skledo zložite torto na kocke, na kocke narezan ananas in popečene kokosove kosmiče.
b) Po plasteh pokapljamo kokosovo smetano.
c) Plasti ponavljamo, dokler posoda ni napolnjena.
d) Po vrhu premažemo stepeno smetano in sladkor.
e) Okrasite z listi sveže mete.
f) Malenkost ohladite vsaj eno uro, preden jo postrežete.

82. Fidžijska kokosova torta (Tavola)

SESTAVINE:

- 1 vnaprej pripravljena skorja za pito
- 2 skodelici sveže naribanega kokosa
- 1 skodelica sladkorja
- 1/4 skodelice masla, stopljenega
- 2 jajci, pretepeni
- 1/2 žličke vanilijevega ekstrakta

NAVODILA:

a) Pečico segrejte na 350 °F (180 °C).
b) Skorjo za pito položite v pekač za pito.
c) V posodi za mešanje zmešajte nariban kokos, sladkor, stopljeno maslo, stepena jajca in vanilijev ekstrakt.
d) Dobro premešamo in zmes vlijemo v skorjo za pito.
e) Pečemo približno 30-40 minut ali dokler se kolač ne strdi in vrh zlato porumeni.
f) Pustite, da se ohladi, preden narežete in postrežete ta fidžijski kokosov kolač.

83. Fidžijski bananin in kokosov puding

SESTAVINE:

- 4 zrele banane, pretlačene
- 1/2 skodelice naribanega kokosa
- 1/2 skodelice sladkorja
- 1/2 skodelice večnamenske moke
- 1/2 žličke pecilnega praška
- 1/4 skodelice masla, stopljenega
- 1/2 skodelice mleka

NAVODILA:

a) Pečico segrejte na 350 °F (180 °C).
b) V posodi za mešanje zmešajte pretlačene banane, nariban kokos, sladkor, moko in pecilni prašek.
c) Vmešajte stopljeno maslo in mleko, da dobite gladko testo.
d) Maso vlijemo v pomaščen pekač in pečemo približno 30-40 minut oziroma dokler vrh ne postane zlate barve in zobotrebec ne izstopi čist.
e) Pustite, da se ohladi, preden postrežete ta prijeten fidžijski puding iz banane in kokosa.

84. Fijian Taro in kokosove kroglice (Kokoda Maravu)

SESTAVINE:

- 2 skodelici taroja, kuhanega in pretlačenega
- 1 skodelica naribanega kokosa
- 1/2 skodelice sladkorja
- 1/4 skodelice moke
- 1/2 žličke vanilijevega ekstrakta

NAVODILA:

a) V skledi za mešanje zmešajte pire taro, nariban kokos, sladkor, moko in vanilijev ekstrakt.
b) Dobro premešamo, da nastane testo.
c) Iz zmesi oblikujte majhne kroglice in jih položite na pladenj.
d) Taro in kokosove kroglice hladite v hladilniku približno eno uro, preden jih postrežete.

85. Fidžijski kruh z ananasom in banano

SESTAVINE:

- 1 1/2 skodelice večnamenske moke
- 1 žlička pecilnega praška
- 1/2 žličke sode bikarbone
- 1/2 skodelice sladkorja
- 2 zreli banani, pretlačeni
- 1/2 skodelice zdrobljenega ananasa, odcejenega
- 1/4 skodelice rastlinskega olja
- 2 jajci
- 1/2 žličke vanilijevega ekstrakta

NAVODILA:

a) Pečico segrejte na 350 °F (180 °C) in namastite pekač za hlebce.

b) V skledi zmešajte moko, pecilni prašek, sodo bikarbono in sladkor.

c) V drugi skledi zmešajte pretlačene banane, zdrobljen ananas, rastlinsko olje, jajca in vanilijev ekstrakt.

d) Zmešamo mokre in suhe sestavine ter testo vlijemo v pomaščen pekač.

e) Pečemo približno 45-50 minut oziroma dokler zobotrebec ne izstopi čist.

f) Pustite, da se ananasov in bananin kruh ohladi, preden ga narežete in postrežete.

PIJAČE

86. Fijian Kava Root Drink

SESTAVINE:
- Prah korenine kave ali zdrobljena korenina kave
- voda

NAVODILA:
a) V veliko skledo ali "tanoo" (tradicionalna skleda za kavo) dajte želeno količino prahu korenine kave ali zdrobljene korenine kave.
b) V skledo dodajte vodo in korenino kave temeljito pregnetite ali premešajte.
c) Nadaljujte z gnetenjem ali mešanjem mešanice, dokler tekočina ne postane motna in se ekstrakti kave ne primešajo v vodo.
d) Napitek kava prelijte skozi cedilo ali krpo, da odstranite morebitne trdne delce, pri čemer pustite samo tekočino, prepojeno s kavo.
e) Postrezite fidžijski koreninski napitek Kava v majhnih skupnih skodelicah, imenovanih "bilo" ali "taki", da jih delite s prijatelji in gosti.
f) Opomba: Kava koreninski napitek je tradicionalna fidžijska pijača, ki se že stoletja uživa na družabnih in kulturnih srečanjih. Bistveno je, da kavo pijete odgovorno in se zavedate morebitnih interakcij z zdravili ali zdravstvenimi težavami.

87. Fidžijski bananin smoothie

SESTAVINE:
- 2 zreli banani
- 1/2 skodelice jogurta
- 1/2 skodelice kokosovega mleka
- 2 žlici medu (prilagodite okusu)
- Ledene kocke (neobvezno)

NAVODILA:
a) V mešalniku zmešajte zrele banane, jogurt, kokosovo mleko in med.
b) Dodajte ledene kocke, če želite hladnejši smoothie.
c) Mešajte, dokler ni gladka in kremasta.
d) Nalijte v kozarce in uživajte v fidžijskem bananin smutiju.

88. fidžijski ananasov punč

SESTAVINE:
- 2 skodelici svežega ananasovega soka
- 1/2 skodelice pomarančnega soka
- 1/4 skodelice limetinega soka
- 1/4 skodelice sladkorja
- 2 skodelici gazirane vode
- Rezine ananasa in limete za okras

NAVODILA:
a) V vrču zmešajte svež ananasov sok, pomarančni sok, limetin sok in sladkor. Mešajte, dokler se sladkor ne raztopi.
b) Dodamo gazirano vodo in nežno premešamo.
c) Fidžijski ananasov punč postrezite v kozarcih, napolnjenih z ledom, in okrasite z rezinami ananasa in limete.

89. Fidžijski koktajl s kokosom in rumom

SESTAVINE:

- 2 oz belega ruma
- 1 oz kokosove smetane
- 3 oz ananasovega soka
- Zdrobljen led
- Rezina ananasa in češnja maraskino za okras

NAVODILA:

a) V shakerju zmešajte beli rum, kokosovo smetano in ananasov sok.
b) Dobro pretresite z ledom, dokler se ne ohladi.
c) Koktajl precedite v kozarec, napolnjen z zdrobljenim ledom.
d) Okrasite z rezino ananasa in češnjo maraskino.

90. Fidžijsko ingverjevo pivo

SESTAVINE:
- 1 skodelica svežega ingverja, olupljenega in narezanega
- 2 skodelici sladkorja
- 2 skodelici vode
- Sok 2 limon
- Gazirana voda

NAVODILA:
a) V ponvi zmešajte svež ingver, sladkor in vodo. Zavremo in pustimo vreti približno 15-20 minut.
b) Pustite, da se mešanica ingverja ohladi in jo precedite, da odstranite koščke ingverja.
c) Zmešajte limonin sok.
d) Za serviranje napolnite kozarec z ledom, dodajte del ingverjevega sirupa in dolijte gazirano vodo. Moč prilagodite svojim željam.

91. Fijian Papaya Lassi

SESTAVINE:

- 1 zrela papaja, olupljena, brez semen in narezana na kocke
- 1 skodelica jogurta
- 1/2 skodelice kokosovega mleka
- 2-3 žlice medu (prilagodite okusu)
- Ledene kocke (neobvezno)

NAVODILA:

a) V mešalniku zmešajte zrelo papajo, jogurt, kokosovo mleko in med.
b) Dodajte ledene kocke, če želite hladnejšo pijačo.
c) Mešajte, dokler ni gladka in kremasta.
d) Nalijte v kozarce in uživajte v osvežilnem lassiju iz fidžijske papaje.

92. fidžijski rum punč

SESTAVINE:

- 2 oz temnega ruma
- 2 oz ananasovega soka
- 2 oz pomarančnega soka
- 1 oz limetinega soka
- 1 oz grenadin sirupa
- Rezine ananasa in pomaranče za okras

NAVODILA:

a) V stresalniku zmešajte temni rum, ananasov sok, pomarančni sok, limetin sok in grenadinov sirup.
b) Dobro pretresite z ledom, dokler se ne ohladi.
c) Punč precedite v kozarec, napolnjen z ledom.
d) Okrasite z rezinami ananasa in pomaranče za tropski pridih.

93. Fidžijski smuti iz ananasa in kokosa

SESTAVINE:
- 1 skodelica svežih koščkov ananasa
- 1/2 skodelice kokosovega mleka
- 1/2 skodelice jogurta
- 2-3 žlice medu (prilagodite okusu)
- Ledene kocke (neobvezno)

NAVODILA:
a) V mešalniku zmešajte koščke svežega ananasa, kokosovo mleko, jogurt in med.
b) Dodajte ledene kocke, če želite hladnejši smoothie.
c) Mešajte, dokler ni gladka in kremasta.
d) Nalijte v kozarce in uživajte v svojem tropskem smutiju iz fidžijskega ananasa in kokosa.

94. Fijian Mango Lassi

SESTAVINE:
- 1 zrel mango, olupljen, brez koščic in narezan na kocke
- 1 skodelica jogurta
- 1/2 skodelice mleka
- 2-3 žlice medu (prilagodite okusu)
- Ledene kocke (neobvezno)

NAVODILA:
a) V mešalniku zmešajte zrel mango, jogurt, mleko in med.
b) Dodajte ledene kocke, če želite hladnejšo pijačo.
c) Mešajte, dokler ni gladka in kremasta.
d) Nalijte v kozarce in uživajte v tem čudovitem lassiju iz fidžijskega manga.

95. fidžijski kokosov mojito

SESTAVINE:
- 2 oz belega ruma
- 2 oz kokosove smetane
- Sok 1 limete
- 6-8 listov sveže mete
- 1 žlička sladkorja
- Klubska soda

NAVODILA:
a) V kozarcu zmešajte liste sveže mete in sladkor, da se sprostijo okusi mete.
b) Dodamo beli rum, kokosovo smetano in limetin sok.
c) Napolnite kozarec z ledom in ga dolijte s klubsko sodo.
d) Nežno premešajte in okrasite z metino vejico in rezino limete.

96. Fidžijski čaj iz ingverja in limonske trave

SESTAVINE:

- 2-3 rezine svežega ingverja
- 2-3 stebla limonske trave, narezana na koščke
- 2 skodelici vode
- Med ali sladkor po okusu

NAVODILA:

a) V ponvi zavrite vodo in dodajte ingver in limonsko travo.
b) Dušimo približno 10-15 minut, da se okusi prepojijo.
c) Odstavite z ognja in po okusu sladkajte z medom ali sladkorjem.
d) Čaj precedite in postrezite vročega. To je pomirjujoč in aromatičen fidžijski zeliščni čaj.

97. Fijian Tamarind Cooler

SESTAVINE:

- 1 skodelica tamarindove kaše
- 4 skodelice vode
- 1/4 skodelice sladkorja (prilagodite okusu)
- Ledene kocke

NAVODILA:

a) V vrču zmešajte pulpo tamarinde, vodo in sladkor. Mešajte, dokler se sladkor ne raztopi.

b) Dodajte ledene kocke, da ohladite pijačo.

c) Postrezite fidžijski hladilnik s tamarindo za sladko in pikantno osvežitev.

98. fidžijska kava colada

SESTAVINE:
- 2 oz ekstrakta korenine kave (pripravljeno po tradicionalni fidžijski metodi)
- 2 oz kokosove smetane
- 2 oz ananasovega soka
- 1 oz belega ruma
- Zdrobljen led
- Ananasova rezina in češnja maraskino za okras

NAVODILA:
a) Pripravite izvleček korenine kave po tradicionalni fidžijski metodi.
b) V stresalniku zmešajte izvleček korenine kave, kokosovo smetano, ananasov sok in beli rum.
c) Dobro pretresite z ledom, dokler se ne ohladi.
d) Koktajl precedite v kozarec, napolnjen z zdrobljenim ledom.
e) Okrasite z rezino ananasa in češnjo maraskino.

99. Fijian Hladilnik lubenice in mete

SESTAVINE:
- 4 skodelice narezane lubenice
- Sok 2 limet
- 1/4 skodelice svežih listov mete
- 2-3 žlice medu (prilagodite okusu)
- Ledene kocke

NAVODILA:
a) V mešalniku zmešajte na kocke narezano lubenico, limetin sok, liste sveže mete in med.
b) Dodajte ledene kocke, da ohladite pijačo.
c) Mešajte, dokler ni gladka in osvežilna.
d) Postrezite fidžijski hladilnik z lubenico in meto za poživljajočo izkušnjo.

100. Fijian Passion Cocktail

SESTAVINE:
- 6 unč soka iz pasijonke
- 2 unči ananasovega soka
- 6 unč temnega ruma (najboljši fidžijski rum)
- 6 unč trojne sekunde
- zdrobljen led
- sveže sadje (za okras)

NAVODILA:
a) Zmešajte sokove, rum in Triple Sec.
b) Mešalnik napolnite z zdrobljenim ledom.
c) Mešajte do brozge.
d) Postrezite v kozarcih za margarito, okrašeno s sadjem.

ZAKLJUČEK

Ko zaključujemo naše kulinarično popotovanje skozi »KNJIGA RECEPTOV TROPSKIH OKUSOV FIDŽIJA«, upamo, da niste samo raziskali edinstveno fuzijo okusov, ki opredeljujejo fidžijsko kuhinjo, ampak ste bili tudi navdihnjeni, da okus Fidžija vnesete v svojo kuhinjo.

Fidžijska kuhinja s poudarkom na svežih, lokalnih sestavinah in kulturni raznolikosti ponuja čudovito paleto jedi, ki jih lahko uživate in delite s prijatelji in družino. Toplina fidžijskega gostoljubja in tropski raj, ki služi kot ozadje tem okusom, sta zdaj lahko del vašega kulinaričnega repertoarja.

Spodbujamo vas, da nadaljujete z raziskovanjem fidžijske kuhinje, prilagajanjem in ustvarjanjem jedi, ki odražajo vaš okus in izkušnje. Ne glede na to, ali poustvarjate tradicionalne fidžijske pojedine ali se osredotočate na fidžijske jedi, naj bo vaše kulinarično potovanje napolnjeno z veseljem, okusom in kančkom raja. Vinaka vakalevu (najlepša hvala) in tukaj je še veliko okusnih jedi, ki jih je navdihnila edinstvena fuzija fidžijskih okusov.

www.ingramcontent.com/pod-product-compliance
Lightning Source LLC
Chambersburg PA
CBHW071310110526
44591CB00010B/849